AR Y FFIN

HUNANGOFIANT DEALLUSOL

Paul Tillich

Cyfieithwyd gan John Heywood Thomas

BEAUCHIEF
ABBEY·PRESS

AR Y FFIN

Cyhoeddwyd gan Beauchief Abbey Press

Ar y Ffin:
Hawlfraint © Estate of Paul Tillich
Rhagymadrodd:
Hawlfraint © John Heywood Thomas, 2021

On the Boundary:
Copyright © Estate of Paul Tillich
Introduction:
Copyright © John Heywood Thomas, 2021

ISBN 978-0-9935499-3-9

Mae'r awdur wedi datgan ei hawl foesol dan Ddeddf Hawlfraint, Dyluniadau a Phatentau 1988 i gael ei gydnabod fel awdur y gwaith hwn.

Cedwir pob hawl. Ni chaniateir atgynhyrchu unrhyw ran o'r cyhoeddiad hwn, ei gopïo, ei gadw mewn cyfundrefn adferadwy, na'i drosglwyddo, mewn unrhyw ddull na thrwy unrhyw gyfrwng, heb ganiatâd ysgrifenedig ymlaen llaw gan ddeiliad yr hawlfraint, ac ni chaniateir ychwaith ei gylchredeg mewn unrhyw ffordd arall mewn unrhyw fath o rwymiad neu glawr ar wahân i'r un y'i cyhoeddir ynddo a heb ymrwymo'r prynwr dilynol i amod tebyg.

Mae cofnod catalog CIP ar gyfer y teitl hwn ar gael o'r Llyfrgell Brydeinig.

CYNNWYS

Rhagair	vii
Rhagymadrodd *John Heywood Thomas*	xi
AR Y FFIN *Paul Tillich*	1
Rhwng dwy natur	4
Rhwng dinas a gwlad	7
Rhwng dosbarthiadau cymdeithasol	11
Rhwng realiti a dychymyg	17
Rhwng theori a gweithred	24
Rhwng heteronomi ac awtonomi	31
Rhwng diwinyddiaeth ac athroniaeth	41
Rhwng eglwys a chymdeithas	54
Rhwng crefydd a diwylliant	64
Rhwng Lutheriaeth a sosialaeth	71
Rhwng delfrydiaeth a Marcsiaeth	79
Rhwng mamwlad a gwlad estron	89
Adolwg: Ffin a chyfyngiad	96
Mynegai	98

RHAGAIR

Cyfarfûm â John Heywood Thomas yn gyntaf yn 2014 pan ddaeth ei ffrind a'i gyn-gydweithiwr John Rogerson i Dde Cymru i roi darlith ar fudiad Prydeinig yr Eglwys Lydan a'r hyn y mae'n ei gynnig heddiw. Bu'r ddau yn dysgu ym Mhrifysgol Durham ac roedd John Rogerson yn fy helpu i ddatblygu Gŵyl Coleridge yng Nghymru a redodd am 80 diwrnod trwy Gymru yn 2016.

Addysgwr i John Heywood Thomas, Paul Tillich, oedd y diwinydd cyntaf i mi geisio'i ddirnad go iawn. Fe'm rhyfeddwyd gan ymdriniaeth ddofn Tillich â rhai o gwestiynau ysbrydol mwyaf yr ugeinfed ganrif, ac roedd yn ddryswch i mi nad oedd ymwybyddiaeth gyhoeddus o gwbl ym Mhrydain o'r meddwl mawr hwn. Mewn anerchiad ym Mhrifysgol Rhydychen yn 2014 siaradais am Coleridge a Tillich ac yn fuan wedyn dechreuais i a John Heywood Thomas siarad am brosiect i gyfieithu Tillich i Gymru. Dywedai Tillich yn aml wrth y rhai a oedd yn ceisio deall ei ymagwedd, "darllenwch fy mhregethau yn gyntaf", felly fy syniad cychwynnol oedd gwahodd diwinyddion ac athronwyr i gyfieithu pregethau unigol gan Tillich, gan ychwanegu myfyrdod byr ynghylch perthnasedd y deunydd i'r cyd-destun Cymreig presennol. John fyddai'n golygu'r casgliad. Rwy'n gobeithio y gallwn wneud hynny o hyd, ond awgrymodd John ar unwaith y dylem ddechrau gydag *Ar y Ffin*. Y cyhoeddiad hwn yw ffrwyth y cydweithio hwnnw.

Peth arbennig i Gymru yw bod y cyfieithiad cyntaf o waith Tillich i'r Gymraeg wedi'i gyflawni gan ei gyfaill annwyl JHT. Cymeradwyaf y testun hwn i chi. Mae diwylliant deallusol Lloegr yn ymrafael ers dau gan mlynedd bellach â'r hyn y mae'n aml yn ei alw yn 'athroniaeth y Cyfandir'. Nid yw'r broblem hon yn bodoli yng Nghymru. Yn ystod ail hanner yr ugeinfed ganrif, pan roedd yr Esgob John Robinson yn darnio ac aflunio Tillich yn y byd cyhoeddi poblogaidd Saesneg, cawn yr ysgolhaig J. R. Jones yn Abertawe yn cyflwyno ymdriniaeth hyderus a chreadigol o Tillich yn y Gymraeg fel rhan o ganon Ewropeaidd prif-ffrwd. Â'r traddodiad hwn, sydd gyda'r gorau o draddodiadau dynoliaeth, traddodiad hanfodol a gaiff ei goleddu yng Nghymru, y mae'r gyfrol hon yn siarad.

Rhwng. Mae hunangofiant deallusol Paul Tillich yn siarad â ni am y gofod *rhwng* pegynau bywyd. Gwyddwn lawer eisoes am Gymru rhwng pegynau. Gallai Cymru a'r llyfr hwn fod yn ffrindiau.

R. M. Parry   GAEAF 2020

DIOLCH

Hoffai Gwasg Beauchief Abbey ddiolch i bawb a gyfrannodd at greu'r gyfrol hon – i Ted Farris, ŵyr Paul Tillich, am yr hawliau i gyhoeddi'r cyfieithiad cyntaf hwn i'r Gymraeg; i'r Coleg Cymraeg Cenedlaethol am gymorth ariannol; i Dr Huw Thomas, Prifysgol Caerdydd am ei gymorth a'i anogaeth arbennig; i Owain Lewis am ei waith manwl yn paratoi'r testun i'w gyhoeddi; i Michael Lindley yn Truth Studio am y dylunio graffeg; i Elen Robert o Idiom am ei gwaith ymgynghori golygyddol; ac yn olaf, i John Heywood Thomas sydd wedi cefnogi'r prosiect hwn gyda chryn amynedd, gweledigaeth a chymorth i ni oll.

RHAGYMADRODD

Dyma'r cyfieithiad cyntaf o unrhyw un o weithiau Paul Tillich i'r Gymraeg. Ni wn a fyddai ef wedi ystyried y fath beth – na hyd yn oed a oedd yn ymwybodol o'r ffaith fod yr iaith Gymraeg yn fyw. Beth bynnag, llawenydd mawr i mi yw cyflwyno'r gwaith i'm cyd-Gymry – am fwy nag un rheswm. Credaf fod y llyfr bach hwn yn gyflwyniad delfrydol i fywyd a gwaith Paul Tillich. Gogoniant y llyfr yw ei fod yn rhoi darlun o'r bachgen a ddatblygodd yn un o athronwyr a diwinyddion mwyaf blaenllaw'r ugeinfed ganrif a'i fod yn gwneud hyn drwy fraslun o'i fywyd personol. Mewn ffordd mae'n fath o hunangofiant ond mae'n rhywbeth mwy hefyd: myfyrdod ar hanes bywyd a syniadau oes. Rheswm arall dros ei gyflwyno yw fy mod yn gweld y fath fyfyrdod yn her ysbrydol i'r darllenydd. Mae fel pe bai'r awdur yn dweud, 'Wel, dyma fi – fy mywyd a'm gwaith. Dyma fel y wynebais y byd. Beth wnewch chi o'r byd sy'n eich wynebu?' Roedd Tillich yn ymwybodol iawn o'i ddyletswydd broffwydol ac ysbrydol fel diwinydd. Cofiaf iddo ddweud mai'r ganmoliaeth fwyaf a gafodd oedd geiriau un o'i hen ddisgyblion a ddywedodd mai'r ysbrydoliaeth bennaf iddo tra roedd yn garcharor rhyfel oedd yr hyn yr oedd wedi ei ddysgu gan Tillich. Mewn un ystyr yr hyn a wnaeth Tillich yn ddiwinydd oedd yr her o weld y byd wedi ei ddymchwel ar ddiwedd y Rhyfel Mawr. Mae cyflwyno'i waith yn fraint ryfeddol i mi oblegid, hyd y gwn i, fi oedd yr unig ddisgybl o Gymro iddo ac yn sicr yr unig Gymro iddo gydnabod ar ddiwedd ei oes fel cyfaill, gan ddweud wrthyf 'The trouble with you is that you do not agree with me'.

Mae gennyf resymau personol dros ddewis y llyfr hwn. Pan benderfynodd Collins Publishers gyhoeddi rhywbeth o waith Tillich, eu bwriad oedd cyhoeddi *Love, Power and Justice* oherwydd cytundebau cyhoeddwyr ym Mhrydain a'r Unol Daleithiau. Pan geisiodd Lady Collins fy marn am y prosiect, atebais y buasai'n llawer gwell iddynt gyhoeddi *The Courage To Be*; a dyna sut yr ymddangosodd y llyfr yn y gyfres Fontana gyda dyfyniad o fy eiddo o'r *Hibbert Journal* ar y clawr. Pan gawsant yr hawl i gyhoeddi *On The Boundary*, gofynnwyd i mi ysgrifennu'r rhagymadrodd. Mae blynyddoedd ers i hyn ddigwydd, ond teimlaf yr un cyfrifoldeb o'r newydd yn awr i gyflwyno nid yn unig y llyfr ond y person hefyd – athronydd, diwinydd, eglwyswr a wnaed yn alltud am fod yn broffwyd yn ei ddydd. Os oedd mor garedig â'm hystyried yn gyfaill iddo, gobeithiaf y bydd y llyfr hwn yn llwyddo i dalu'n ôl rywfaint o'm dyled mawr iddo.

Ganwyd Tillich yn Starzeddel yn yr Almaen gynt ar yr 20fed o Awst 1886 yn fab i weinidog Lutheraidd. Fe'i haddysgwyd yn yr ysgol ramadeg leol cyn i'r teulu symud i Ferlin wedi i'w dad gael ei ethol yn arolygydd eglwysi'r ardal. O ganlyniad aeth Paul i'r Friedrich Wilhelm Gymnasium ym Merlin cyn iddo ddechrau ar ei yrfa brifysgol ym Merlin, yn Tübingen ac yn Halle (gan symud o brifysgol i brifysgol yn ôl yr arfer). Yn 1903, bu marwolaeth ei fam yn ergyd drom i'r teulu cyfan ac yn enwedig i Paul. Y weinidogaeth oedd yr hyn a welai Paul fel ei ddyfodol. Yn 1910 derbyniodd radd Doethuriaeth mewn Athroniaeth o Brifysgol Breslau a dechreuodd ar ei yrfa weinidogaethol yn 1911, gan ddod yn Licentiate mewn Diwinyddiaeth ym Mhrifysgol Halle yn y flwyddyn ganlynol. Fe'i hordeiniwyd yn weinidog Eglwys Efengylaidd Undeb Prwsia ym Merlin a hyd nes 1914 bu'n weinidog yno. Aeth i'r Rhyfel Mawr fel caplan ac yn 1918 enillodd y Groes Haearn. Wedi'r rhyfel dechreuodd ar ei yrfa ym Mhrifysgol Berlin a dod yn rhan o'r mudiad sosialaidd yno. Ei benodiad yn 1924 fel Athro Diwinyddiaeth ym Mhrifysgol Marburg oedd dechrau ei yrfa fel Athro prifysgol – aeth ymlaen i ddysgu yn Dresden, Leipzig a Frankfurt.

Wedi iddo ymuno â'r Blaid Sosialaidd Ddemocrataidd yn 1929, cyhoeddodd *The Socialist Decision* yn 1932, cyhoeddiad a gafodd ei wahardd gan yr awdurdodau Natsïaidd, a bu'n rhaid iddo ffoi o'r Almaen i Efrog Newydd. Yn America y cyflawnodd ei weithiau mwyaf arwyddocaol, gan gyhoeddi'r llyfrau nodedig *The Protestant Era* a thair cyfrol *Systematic Theology*. Wedi iddo ymddeol o'r Union Seminary yn Efrog Newydd, fe'i gwahoddwyd i fod yn Athro Nodedig ym Mhrifysgol Harvard ac yn ddiweddarach ym Mhrifysgol Chicago yn ogystal. Bu farw ar yr ail o Hydref 1965.

Mae cofio'r tro olaf i mi weld Tillich yn fwy diddorol nag unrhyw atgof arall sydd gennyf ohono oblegid ei fod yn dangos natur, neu yn hytrach efallai gyfansoddiad, ei feddwl.

Roeddwn wedi cael fy ngwahodd i ddarlithio yn Ysgol Haf yr Union Seminary ar athroniaeth (nid diwinyddiaeth) Tillich. Yn rhyfedd iawn roedd ef ei hun hefyd yn cyfrannu at y rhaglen ac yn fwy rhyfedd fyth roedd yr ystafell lle'r oedd yn darlithio y drws nesaf i'r lle roeddwn i'n gwneud fy rhan. Un bore cyfarfyddom ar y grisiau ac meddai, 'I would like to know what you are saying about me.' Atebais 'Oh, nothing but the best' ac meddai 'Jokes, jokes, always jokes. Never mind that, you come and tell me.'

Felly y bu: fe es i'w weld. Roedd yn teimlo'n llawn bywyd ac iechyd a'i awydd oedd cario ymlaen â'i waith mawr. Yn ein hymgom dywedais wrtho mai un o'r pethau cyntaf y ceisiais ei bwysleisio yn fy narlithoedd oedd ei fod yn feddyliwr trefnus. Defnyddiais y gair 'neat' i olygu 'trefnus' a dywedodd, 'You talk of drinking whisky neat and now you call me neat.' Esboniais fy mhwynt fod ei system (boed hynny'n athroniaeth neu'n ddiwinyddiaeth) yn architectiotic megis athroniaeth Kant. Cytunodd ar unwaith, 'Ah yes! It's true – scratch a German and you will find Kant, just as if you scratch an Englishman you'll find Hume.' Nid dyna oedd yr amser i addef nad oedd Hume na minnau yn Saeson! Dywedais fy mod wedi ceisio dangos gwreiddiau ei athroniaeth nid yn unig yn nelfrydiaeth y bedwaredd ganrif ar bymtheg ond hefyd yn ffenomenolegiaeth gwaith Edmund

Husserl. 'You are so right' meddai, 'Husserl's work saved me and a whole generation from naturalism.' Yna trodd y sgwrs at y dylanwad a gafodd fwyaf o sylw gan ei feirniaid sef dirfodaeth. Roedd yn ymwybodol o'm gwaith ar Kierkegaard, a dywedodd, 'You should risk your scholarly reputation on showing that existentialism begins with Schelling.' Soniodd unwaith eto am ddylanwad Heidegger, gan gydnabod ei ddyled iddo, ond roedd yn ddigon parod i addef fod y dylanwad hwn i'w weld a'i ddeall yn y cyswllt hanesyddol y soniais amdano – ac mai ei ddyled iddo oedd darganfod ynddo fodd athronyddol o ddisgrifio sefyllfa dyn yn y byd sydd ohoni. Wedi'r drafodaeth dywedodd ei fod yn ailedrych ar ei ysgrifau Saesneg cynnar oblegid fod gan ei gyhoeddwr gynllun i gasglu ei holl waith Saesneg ynghyd. Yn benodol roedd am weld argraffiad newydd o gyfrol olaf *Systematic Theology*. Gofynnodd i mi graffu ar y gyfrol gan nodi lle na fuasai mater yn glir ac i awgrymu gwelliannau lle bo angen. Hyd y diwedd felly cyhoeddi ei neges i bobl gael ei ddarllen oedd ei bwrpas. Roeddwn innau ar fin ymgymryd â swydd Darllenydd yn Durham ar y pryd. Dywedodd wrthaf 'When you go to Durham, why don't you ask me to come and give a lecture? If you do so I will come'. Ychydig wedi i mi symud i Durham – a'r trefniadau yn eu lle iddo ymweld – bu farw'n sydyn ar ddiwedd mis Hydref 1965.

Ychydig amser wedi cyhoeddi fy ysgrif goffa yn y Times, cefais wybod gan Mrs. Kenneth Dale Owen, gwraig gor-ŵyr Robert Owen, fod ei lwch wedi cael ei ailgladdu ym Mharc Paul Tillich yn New Harmony, creadigaeth Mrs. Dale Owen. Adferodd yr hen bentref er mwyn creu canolfan ddiwylliannol a chrefyddol a fyddai'n unol â gweledigaeth Tillich. Roedd Robert Owen yn ddiwydiannwr a sosialydd enwog yn hanu o'r Drenewydd. Wedi ei lwyddiant mawr yn yr Alban, aeth i America yn 1824 a buddsoddodd ei arian mewn ystâd yn Indiana, gan sefydlu ym mhentref Harmonie (a ailenwodd yn New Harmony) gymuned gydweithredol. Methiant fu'r cynllun a dychwelodd Owen i Byrdain ac yn 1858 i'r Drenewydd lle bu farw. Yn 1963, gwahoddwyd Tillich gan Mrs Dale Owen i gysegru'r Parc. Er na chyflawnwyd ei chynlluniau'n llawn mae Parc Paul Tillich yn parhau yno o hyd. Mae yno goed wedi eu plannu a rhyngddynt yma a thraw mae meini sy'n dwyn dyfyniadau o wahanol bregethau Tillich. Ar ddiwedd llwybr drwy'r gelli mae penddelw o Tillich a grëwyd gan y cerflunydd James Rosati.

Mae dewis *On The Boundary* fel y testun cyntaf o waith Tillich i'w gyfieithu i'r Gymraeg yn addas am ddau reswm. Yn gyntaf, rydym wedi arfer yn ddiweddar â gweld a chlywed llawer o ddathliadau canmlwyddiant y Rhyfel Byd Cyntaf. Rhywbeth gwerthfawr ac iach yw darllen profiad un a fu'n rhan o'r lladdfa. Ychydig yw'r cyfeiriadau at y Rhyfel yn y llyfr hwn; ond bob tro y sonnir amdano mae dyfnder effaith y profiad ar Tillich yn amlwg – profiad erchyll a newidiodd ei holl feddylfryd am fywyd. Aeth i'r Rhyfel yn wladgarwr rhamantus, yn weinidog ifanc oedd yn awyddus i gefnogi'r ymdrech fawr, y frwydr gyfiawn yr oedd pawb yn ei harddel. Er nad yw'r llyfr hwn yn datgelu llawer o'r hanes hwnnw'n uniongyrchol, fe wyddom fod y blynyddoedd hyn wedi bod yn amser caled iawn iddo. Ym mlwyddyn gyntaf y rhyfel wynebodd fywyd anodd a pheryglus ar y ffrynt. Gymaint oedd y dioddefaint fel y bu'n rhaid iddo nid yn unig gynnal angladdau ond agor beddau ar gyfer y meirw. Ceisiodd ysbrydoli'r milwyr fel y gallai, ond erbyn 1916 ofnai nad oedd diwedd i'r lladdfa a dim golwg o heddwch. Cofiwn fod Mai 1916 yn adeg lwyddiannus i'r Almaen o ran y rhyfel; ond dyddiau o ymweld â chleifion oeddent i Tillich, wrth iddo geisio cysuro'r rhai clwyfedig a oedd yn wynebu angau a chladdu'r meirw. Ar yr un adeg roedd yn ceisio dechrau ar ei yrfa academaidd. Gwir yw dweud na ddaeth Tillich dros y profiad erchyll hwn a ddaeth ag ef wyneb yn wyneb ag angau. Dyma'r tro cyntaf iddo ddioddef chwalfa feddyliol. Nid yw'n rhyfedd felly fod ei holl feddylfryd crefyddol a diwinyddol wedi newid erbyn 1917. Yn wreiddiol, teimlai mai athronydd y dylai fod yn hytrach na diwinydd; ond o weld chwalu ei hen fyd, argyhoeddwyd ef mai diwinydd fyddai.

Yr ail reswm dros ddewis *On The Boundary* yw sefyllfa'r wlad hon ar hyn o bryd. Penderfynodd David Cameron, am resymau nad ydynt yn amlwg i neb ond ef ei hun, y dylid cael refferendwm ar aelodaeth o'r Undeb Ewropeaidd. Fel y gwyddom, y canlyniad oedd dewis gadael Ewrop. Er gwaetha'r canlyniad, penderfyniad digon ansicr ac anesmwyth ydoedd bryd hynny ac mae'n parhau i fod felly heddiw. Flynyddoedd yn ôl fe ddywedodd cynrychiolwyr Ffrainc wrth gynrychiolwyr Prydain 'Nid oes gennych ddiddordeb mewn dim heblaw masnach. Ewch nawr cyn i chi ddinistrio Ewrop'. Erbyn hyn mae Prydain yn poeni am ddyfodol ei masnach ac am ffin newydd rhyngom ac Ewrop hyd yn oed. Rydym fel gwlad – a dyma ddyfodol ein cenedl o Gymry – ar fin cymryd y cam olaf tuag at wrthod cefndir o ddiwylliant a'r gobaith o ddyfodol tawel. Dyma'r hyn a ddaw i'm meddwl wrth ddarllen y llyfr hwn unwaith eto – yma a thraw mae cefndir Ewrop a'i bwysigrwydd i ni gyd yn amlwg. Cofiaf yn arbennig eiriau Tillich i mi yn Efrog Newydd adeg y ddadl a synnodd y Seminary: 'Remember that the background of these here in America is not the same as ours. They do not understand things in the same way as you or I because we are Europeans.' A Phrydain erbyn hyn wedi gadael

Ewrop, mae'n werth darllen rhybudd Tillich dro ar ôl tro yn erbyn cenedlaetholdeb sy'n dewis anghofio ein bod yn rhan o un byd Duw. I Gymro fel finnau mae ei gyffes na allai anghofio fel Almaenwr mai Ewropead ydoedd yn canu cloch – dyma wladgarwch a gweledigaeth gwbl fyd-eang. Fel Cymry, rydym wedi arfer meddwl am ein gwlad a'n hiaith fel rhan annatod o'n crefydd: canodd Gwenallt am Gymru fel nyth yr Ysbryd Glân a gweddïodd Elfed y byddai'r Penllywydd tirion yn cofio beddrodau'n tadau. Ennyn y cyfan gydymdeimlad ymrwymedig â'r llyfr hwn.

Wrth gyflwyno'r gyfrol arbennig hon, y peth pwysig yw ceisio edrych ar Tillich fel y disgrifiodd ef ei hunan, sef fel diwinydd ar y ffin. Yr hyn a wnaeth ei enw'n adnabyddus ym Mhrydain oedd llyfr bach John Robinson, *Honest to God*, ryw ddeuddeg mlynedd wedi cyhoeddi'r gyfrol gyntaf o *Systematic Theology*. Yr hyn a ddaliodd ddychymyg ac ysbryd Robinson oedd y syniad o Dduw fel Sylfaen Bodolaeth (The Ground of Being). Bu dadlau brwd am ei syniad athronyddol o Dduw fel Bod ei hunan (Being itself). Felly y daeth Tillich i gael ei ystyried yn bennaf fel diwinydd a oedd yn ceisio cyflwyno dadansoddiad athronyddol o sylfeini diwinyddiaeth. Y duedd fuasai meddwl mai'r ffin rhwng athroniaeth a diwinyddiaeth yn unig a drafodai pan ddisgrifiai ei hun fel diwinydd ar y ffin. Mae'r llyfr hwn yn arwyddocaol am ei fod yn dangos i ni ei fod wedi meddwl am y ffaith ei fod wedi byw a meddwl ar sawl ffin ac wedi gweithredu'n ddyfal ym mhob un o'r cyd-destunau hynny. Un enghraifft amlwg yw'r ffaith y tueddir i anghofio'r ffin rhwng diwinyddiaeth a Marcsiaeth, un o'r ffiniau y mae'n eu disgrifio yn y llyfr hwn. Amhosib wir yw sôn am fywyd Tillich heb gydnabod a deall y cysylltiad rhwng ei yrfa fel diwinydd a bywyd gwleidyddol yr Almaen a'r Unol Daleithiau. A'i gefndir teuluol yn frenhinol Lutheraidd, aeth i'r rhyfel yn llawn brwdfrydedd; ond fel y nodwyd eisoes bu'r profiad o fod yn gaplan yn ystod y cyfnod hwnnw yn newid byd iddo. Ni sonia am y siom o deimlo ei fod ef a'i debyg wedi cael eu bradychu, a'r boen o wynebu dioddefaint mawr y rhyfel; ond mae'n gwneud yn glir fod hyn wedi bod yn newid byd. Yn ei eiriau bythgofiadwy, gadawaodd y rhyfel ef yn teimlo fod 'yr holl dŷ yn adfeilion'. Yr hyn a gawn yw hanes ei ddatblygiad gwleidyddol fel sosialydd. Nid mater o hanes yn unig yw hyn gan ei fod wedi parhau i gredu felly ar hyd ei oes. Mae ei ymadrodd – pe caem sosialaeth grefyddol byddai gennym Deyrnas Dduw – yn wybyddus i nifer. Y peth pwysig i'w nodi yw bod ei ymwybyddiaeth wleidyddol a'i ddiddordeb yn y byd gwleidyddol wedi parhau er ei fod wedi treulio chwarter olaf ei oes mewn gwlad estron. Nid oedd mor amlwg fel ffigwr gwleidyddol â'i gyfaill Reinhold Niebuhr: nid oedd yn teimlo fod ganddo'r un hawl i ddatgan barn, yn arbennig ar faterion domestig. Er hynny cydweithiodd â Niebuhr ar sawl gorchwyl a welai fel cyfrwng i gyflawni ei weledigaeth bersonol o sosialaeth grefyddol. Mae yna gysondeb amlwg rhwng y llyfr *The Religious Situation* o 1926 a'r hyn a ysgrifennodd yn ei draethawd agoriadol i'r llyfr *The Christian Answer* a gyhoeddwyd yn 1945 gan aelodau'r Grŵp Diwinyddol, casgliad o ddiwinyddion megis y brodyr Niebuhr, John Bennet, ac H. P. Van Dusen. Yma ceisiodd wahaniaethu rhwng democratiaeth fel system gyfansoddiadol a democratiaeth fel modd o amddiffyn gwerth personol. Yn y chwyldro cymdeithasol oedd yn digwydd gwelai fod yna ddyletswydd ar Gristnogaeth i hybu trefn newydd er mwyn amddiffyn y lliaws rhag diffyg diogelwch a diffyg ystyr. Roedd yn rhaid i ddynoliaeth symud ymlaen i ddiwylliant theonomig. Roedd ymddygiad gwleidyddol Tillich yn bur gyson, er enghraifft gweler ei sylwadau craff ar fywyd America yn *The Courage To Be* a'r weledigaeth sydd wrth wraidd y drafodaeth yn *Love, Power and Justice*. Yn gyson â'i ffordd drefnus o feddwl mae'r diddordeb hwn hefyd yn ffurfio rhan bwysig o'i *Systematic Theology*. Nid bychan felly yw gweledigaeth y gyfrol hon wrth sôn am y ffin rhwng delfrydiaeth a Marcsiaeth.

Ffin arall bwysig iawn i Tillich oedd y ffin rhwng crefydd a diwylliant. Fel y dywedodd, byrdwn ei athroniaeth grefyddol oedd agweddau damcaniaethol y ffin hon. Un o themâu pennaf y gyfrol hon yn wir yw'r disgrifiad o wreiddyn y diddordeb hwn, sef ei 'gyfarfod cyntaf – neu weledigaeth bron – â phaentiad gan Botticelli ym Merlin' adeg y rhyfel. Er mor ddiwylliedig oedd ei fagwraeth, nid oedd yn rhannu'r un diddordeb â'i dad mewn cerddoriaeth; serch hynny roedd yn hoffi pensaernïaeth, cerfluniaeth a phaentiadau – a thrwy baentiadau yn arbennig y daeth i'w adnabod ei hun. Yng nghanol y rhyfel dim ond copïau o luniau oedd ganddo fel ysbrydoliaeth wrth wynebu dychryn a dioddefaint. Ond yn ystod ei seibiant olaf adeg y rhyfel aeth i Ferlin ac yn Arddangosfa Kaiser Wilhelm gwelodd lun Botticelli, 'Y Madonna a'r Angylion yn Canu'. Yn sydyn teimlodd ei fod nid yn unig yn edrych ar brydferthwch rhyfedd ond ei fod yn sefyll gerbron y sanctaidd ei hun. Datblygodd y categorïau sylfaenol yn ei athroniaeth a'i ddiwinyddiaeth ddiwylliannol drwy fyfyrio'n barhaol ar effaith y profiad hwn, myfyrdod oedd yn cwmpasu datblygiad celf yn ystod degawdau cyntaf yr ugeinfed ganrif. Dywed mai drwy astudio'r arddull fynegiannol y daeth i ddeall ei bod yn bosib i sylwedd gwaith celf ddinistrio ffurf ac felly greu gweledigaeth. Daeth i'r ddealltwriaeth o weledigaeth grefyddol fel mynegiant o rywbeth a oedd yn torri drwy'n gwybodaeth a'n dealltwriaeth arferol. Ni wnaeth osgoi sylwebu ar ddatblygiad diweddarach celf ychwaith, gan nodi fod mynegiadaeth wedi datblygu'n fodd newydd o realaeth. Honnodd i hyn ddatblygu'i syniad o 'realaeth grediniol' (belief-ful realism), syniad canolog ei lyfr *The Religious Situation*.

Er nad oedd yn ffactor mor bwysig o'i gymharu â chelf, cafodd llenyddiaeth beth dylanwad arno hefyd. Yn llenyddol, yr hyn a wnaeth fwyaf o argraff arno oedd barddoniaeth Rilke, barddoniaeth llawn golud cyfriniol a metaffisegol. Er hynny, mae'r gyfrol *The Courage to Be* yn dangos ei fod wedi dilyn cwrs llenyddiaeth yn yr ugeinfed ganrif ac yn nodi'n graff iawn ei harwyddocâd diwinyddol.

Ffin arall y dylid ei nodi yw'r ffin rhwng crefydd a chymdeithaseg. Nodaf ddwy enghraifft o'r modd y bu Tillich yn gweithredu ar y ffin hon yn bennaf, sef ei ddealltwriaeth o bechod a'r syniad o'r eglwys. Y tro cyntaf i mi ei weld a'i glywed yn siarad oedd pan oedd yn pregethu ar ddechrau'r flwyddyn academaidd yn Efrog Newydd, ac nid anghofiaf hynny fyth. Testun y bregeth oedd 'y bydd dyn yn gadael ei dad a'i fam' (Genesis ii, 24) ac am ei fod yn annerch myfyrwyr ar ddechrau eu gyrfa academaidd, fe dorrodd ar draws yr adnod yn y man hwnnw a siarad am hynny. Fel yn achos ei holl bregethu, hanfod y bregeth oedd un o syniadau sylfaenol ei ddiwinyddiaeth sef y syniad fod datblygiad dyn fel unigolyn yn gofyn iddo wahaniaethu ei hunan oddi wrth ei sefyllfa wreiddiol. Nid gwahanu oddi wrth Dduw sy'n gwneud pechod ond ymwrthod â'r gwahaniaethu. Datblyga hyn yn system gan ddangos natur gymdeithasol pechod, a'i fod yn ffaith cyn ei fod yn weithred. Wrth sôn am yr eglwys mae'n dangos ein tuedd fel pobl grefyddol i anghofio fod gwirioneddau cymdeithasegol i'w gweld yma yn ogystal ag mewn unrhyw faes arall. Gogoniant y sylwadau hyn yw eu bod yn dadlau ein bod yn tueddu i anwybyddu seiliau diwinyddol ein cred yn undod yr eglwys. Dyma oedd ei gyfraniad mawr i eciwmeniaeth. Mae'r eglwys yn un hyd yn oed yn ei rhaniadau: mae'n un am fod ei sefydliad yn un, y Gair a wnaethpwyd yn gnawd. Yn y cyswllt hwn gallwn sylwi hefyd ar ymwybyddiaeth Tillich o seicoleg dyfnder meddwl. O ddechrau ei yrfa roedd yn croesawu'r hyn a welai fel y gwersi y mae seicoleg yn eu dysgu i ni. Mae'n debyg mai yn Efrog Newydd y cafodd y cyswllt mwyaf â seicolegwyr wedi ffurfio 'Grŵp Seicolegol Efrog Newydd' a fu'n cyfarfod o 1941 tan 1945. Nid yw'n rhyfedd fod yna amryw o feysydd fel yr uchod lle gwelwn ddylanwad y grŵp. Gwell efallai yw nodi rhywbeth digon cyffredinol amdano: yr hyn a welai Tillich yn arbennig o werthfawr yn seicoleg y dyfnder meddwl oedd y gymhariaeth rhwng angenrheidrwydd y daith drwy ddioddefaint, tywyllwch ac ymwrthod ag adferiad seicolegol a thaith ffydd drwy noswaith dywyll yr enaid. Fel y dywedais, mae yna amryw o enghreifftiau o ddylanwad seicolegwyr fel Jung arno. Yn ur un modd mae sawl enghraifft o ddylanwad Tillich ei hunan ar seicolegwyr, ac fel y nodais yn fy ysgrif goffa iddo a gyhoeddwyd yn y Times, mae ei ddylanwad yn amlwg ar Rollo May a seicolegwyr y Tavistock Centre.

Yn olaf rwyf am gyfeirio at rywbeth a wnaeth Tillich yn fwy neu lai'n eithriad ymysg diwinyddion mwyaf yr ugeinfed ganrif, sef ei fod wedi sefyll ar y ffin rhwng Cristnogaeth a chrefyddau eraill. Er ei fod yn benderfynol o barhau'n Gristion roedd bob amser yn barod iawn i gyfarfod â chrefyddau eraill. Roedd wedi nodi ar ddechrau *Systematic Theology* fod hanes crefydd yn gyffredinol yn un o ffynonellau diwinyddiaeth systematig ac wedi sôn hefyd am hanes *diwinyddol* amryw o grefyddau; ond yr hyn a oedd yn nodedig am ei waith olaf oedd y ddeialog a gafodd â chrefyddau eraill, yn arbennig yn ystod ei ymweliad â Japan. Enghraifft o'i fawredd fel diwinydd oedd y parodrwydd i siarad *o ddifrif* â chrefyddau eraill: ac fe wnaeth hyn ar ryw ddeg achlysur yn ystod ei flynyddoedd olaf. Fe'i gwelai fel dyletswydd, fel modd o gydnabod gweithgarwch tragwyddol Duw, y Drindod. Cyfathrach angenrheidiol ydoedd hon oblegid drwyddi byddai ein Cristnogaeth yn wynebu barn ddwyfol. Roedd yn gyfathrach angenrheidiol er mwyn i'r cyfryw ymgom fod yn farnedigaeth ar Gristnogaeth. Disgrifiodd y ffenomen mewn termau astrus sy'n rhy anodd eu crynhoi'n eglur yn awr ond digon yw dweud fod ei fyfyrdodau ar y ffin olaf hon yn her amserol i ni heddiw.

Drwy ddangos sut y bu Tillich yn sefyll ar sawl ffin rwyf wedi ceisio egluro pam y mae'n ddiwinydd a chanddo neges i'r unfed ganrif ar hugain. Pan oeddwn yn beirniadu ei safbwynt athronyddol fel rhywbeth a oedd yn perthyn i'r bedwaredd ganrif ar bymtheg byddai wastad yn protestio 'It's only my big toe that is the 19th Century.' Roedd yn ymwybodol ei fod yn rhan o'r ugeinfed ganrif a chyfarch presennol y ganrif honno yn anad dim yr oedd am wneud. Lawer gwaith defnyddiodd yr ymadrodd 'taflu'r efengyl fel cerrig at bennau pobol' i ddisgrifio'r hyn a welai'n anghywir yn y ffyrdd traddodiadol o efengylu a diwinydda (dyna'i feirniadaeth o waith ei gyfaill Karl Barth er enghraifft). Yn ei dyb ef, rhaid oedd ystyried y cyd-destun a chanolbwyntio ar y cwestiwn oedd yn codi o'r cyd-destun hwnnw er mwyn dangos mai Cristnogaeth oedd yr ateb i'r cwestiwn. Fel arall buasid mewn cyflwr o wacter ystyr. Mewn cyfnod pan fo crefydd gonfensiynol ar drai a chwilota dyfal ar bob tu am ddyfnder profiad bywyd, mae Tillich yn dywysydd parod. Er i mi dreulio tipyn o amser yn dangos y gwendidau sy'n brigo i'r wyneb yn ei waith, y ffordd orau o grynhoi ei gyfraniad efallai yw'r hyn a glywais C.D. Broad yn ei ddweud am Kant yn un o'i ddarlithiau yntau, 'His mistakes can teach us more than we could ourselves get right'.

John Heywood Thomas
Tresimwn 2020

AR Y FFIN

Yn y rhagymadrodd i *Religiöse Verwirklichung* (Gwireddiad Crefyddol)[1] fe ysgrifennais: "Y ffin yw'r lle gorau i gael gwybodaeth." Pan ofynnwyd i mi roi hanes datblygiad fy syniadau ar ffurf hanes fy mywyd, meddyliais y byddai'r syniad o ffin yn symbol priodol i gyfleu fy holl ddatblygiad personol a meddyliol. Ar bron bob un pwynt fe'm gorfodwyd i sefyll rhwng gwahanol bosibiliadau o fodolaeth, heb fod yn gartrefol yn y naill na'r llall a chan beidio â milwrio yn erbyn yr un ohonynt. Gan fod meddwl yn rhagdybio cyflwr o fod yn agored i bosibiliadau newydd mae'r fath safbwynt yn un ffrwythlon; ond mewn bywyd mae'n gam anodd ac yn un peryglus oblegid bod bywyd dro ar ôl tro yn galw am benderfyniadau sy'n cau'r ffordd i bosibiliadau eraill. Mae'r duedd hon a'r tyndra sy'n deillio ohoni wedi pennu hynt fy mywyd a'm gwaith fel ei gilydd.

---

[1] Religiose Verwicklung, Berlin, Furche, 1919

RHWNG
DWY NATUR

Wrth feddwl am sut y caiff cymeriad plentyn ei ffurfio, ni ddylem roi gormod o bwyslais ar gymeriad ei rieni. Eto, y mae yna dueddiadau tadol a chyndadol sy'n rhyfeddol yn parhau mewn plant a disgynyddion diweddarach, ac efallai'n achosi ymryson dwfn ynddynt. Cwestiwn pen-agored yw ai etifeddiaeth sy'n achosi hyn neu'r argraffiadau cynnar o blentyndod. Beth bynnag am hynny, nid wyf erioed wedi amau fod undod fy nhad o Brandenburg a'm mam o Wlad y Rhein wedi gosod ynof y tyndra a fodola rhwng Dwyrain a Gorllewin yr Almaen. Yn Nwyrain yr Almaen, yr hyn sydd amlycaf yw'r duedd at fyfyrdod mwy neu lai pruddglwyfus, ymwybyddiaeth fyw iawn o gyfrifoldeb a phechod personol a pharch mawr tuag at awdurdod a thraddodiadau ffiwdal. Yr hyn a nodwedda Gorllewin yr Almaen yw awch am fywyd, cariad at y diriaethol, symudedd, rhesymolrwydd a democratiaeth. Er nad oedd un o'r grwpiau hyn o nodweddion yn eiddo llwyr i'r naill riant na'r llall, drwy fy rhieni y daeth y fath dueddiadau cyferbyniol i ddylanwadu ar gwrs fy mywyd allanol a'm bywyd mewnol. Pwysigrwydd etifeddiaeth deuluol o'r fath yw nid yn unig y ffaith eu bod yn penderfynu cwrs bywyd dyn ond eu bod yn diffinio'r cwmpas a'r sylwedd y mae dewisiadau tyngedfennol yn deillio ohonynt.

Heb yr etifeddiaeth ddwbl yma anodd fyddai deall fy safle ar y ffin. Roedd dylanwad fy nhad yn un hollbwysig, yn rhannol oherwydd marwolaeth gynnar fy mam. O ganlyniad dim ond drwy frwydro cyson a dwfn gyda byd fy nhad y cafodd natur byd fy mam argraff arnaf. Er mwyn i ochr famol fy nghyfansoddiad allu ei mynegi ei hun, yn aml roedd rhyw wrthryfel, a hwnnw'n aml yn un eithafol ei natur, yn angenrheidiol. Nid oedd llonyddwch a chytgord clasurol yn rhan o'm hetifeddiaeth. Efallai fod hyn yn egluro pam yr oedd nodweddion clasurol Goethe yn ddieithr i mi, a pham yr oedd cyfnodau cyn-glasurol ac ôl-glasurol hynafiaeth Groeg yn fwy derbyniol na'r rhai clasurol. Mae'r tyndra hwn hefyd wrth wraidd rhai o'm safbwyntiau ynghylch dehongli hanes: dewis llinell sy'n symud ymlaen tuag at nod yn hytrach na'r safbwynt clasurol o gylch cyfyngedig; y syniad fod cynnwys hanes yn frwydr rhwng dwy egwyddor wrthgyferbyniol; y theori o wirionedd deinamig sy'n datgan mai ynghanol ymdrech a thynged y ceir gwirionedd ac nid, fel y dysgodd Platon, yn y "tu hwnt" digyfnewid.

RHWNG
DINAS A GWLAD

O'r adeg pan oeddwn yn bedair oed tan fy mod yn bedair ar ddeg bûm yn byw mewn tref fach wrth ymyl yr Elbe lle'r oedd fy nhad yn un o weinidogion pennaf y cylch eglwysig ac yn arolygydd arno. Preswylydd cyffredin llawer rhan o drefi bach yr Almaen yw'r ffermwr-ddinesydd (Farmer-Burgher) – dyn y dref, fel arfer yn weddol gefnog, sy'n rhedeg fferm weddol o faint o'i gartref yn y dref. Mae i'r fath drefi gymeriad gwledig iawn. Mae gan lawer o'r tai glôs, beudai a gerddi, ond maent o fewn ychydig funudau i'r caeau. Caiff y gwartheg a'r defaid eu hel drwy'r strydoedd bob bore a nos. Er hyn, mae'r rhain yn drefi gwirioneddol, gyda hawliau dinesig a thraddodiadau mor hen â'r Canol Oesoedd. Egyr gatiau muriau'r dref ar strydoedd cul o dai a siopau mewn rhes gyda'i gilydd. Un o argraffiadau cynharaf a chryfaf fy mhlentyndod oedd lloches ofalus y dref gyda'i phrysurdeb mawr o'i gyferbynnu ag awyrgylch annaearol y castell yn y nos a'r caeau tawel a'r pentrefi cysglyd. Fe gadarnhawyd yr atgofion hyn gan ymweliadau â Berlin, lle'r roedd y rheilffordd yn edrych i mi'n rhywbeth hanner mytholegol ac fe gododd ynof hiraeth cryf am y ddinas fawr. Effeithiodd hyn arnaf mewn sawl ffordd yn ddiweddarach: fe'i mynegwyd yn athronyddol yn y traethodau "Logos und Mythos der Technik"[2] a "Die technische Stadt als Symbol" (Y Ddinas Dechnolegol fel Symbol)[3].

Yr atyniad hwn i'r ddinas a'm hachubodd rhag ymwrthod rhamantaidd â diwylliant technolegol ac a'm dysgodd i werthfawrogi pwysigrwydd y ddinas ar gyfer datblygu agwedd feirniadol ar fy mywyd meddyliol ac artistig. Flynyddoedd wedyn fe gyrhaeddais at ddealltwriaeth fywiol a chydymdeimladol o Fohemiaeth, mudiad sydd ond yn bosib mewn dinasoedd mawr. Dysgais hefyd i werthfawrogi, mewn modd esthetig, faint ffisegol y ddinas ynghyd â'i gweithgarwch mewnol ysblennydd. Yn olaf, dysgais am fudiadau gwleidyddol a chymdeithasol dinas fawr. Mae poblogrwydd fy llyfr, *The Religious Situation* i'w olrhain i raddau helaeth i'r profiadau hyn a'u heffaith barhaol arnaf – myth y ddinas, gellir dweud.

---

[2] 'Logos und Mythos der Technik', *Logos*, Tübingen, XVI , Rhif 5, Tachwedd 1927
[3] 'Die technische Stadt als Symbol', Dresdner Neueste Nachrichten, Rhif 115, Mai 17, 1928

Er hyn, mae fy nghysylltiadau â'r wlad hyd yn oed yn gryfach mewn ffordd. Mae bron pob un o'm hatgofion cryf a hiraethus ynghlwm wrth dirlun, pridd, tywydd, caeau'r grawn ac arogl y planhigion tatws yn yr hydref, ffurfiau cymylau a gwynt, blodau a choed. O deithio drwy'r Almaen a gorllewin Ewrop yn ddiweddarach erys argraff y tir yn gryf arnaf. Wedi fy nghylchynu â phrydferthwch natur darllenais yn awchus athroniaeth Schelling am natur ac fe ddaeth yn fynegiad uniongyrchol o'm teimladau tuag at fyd natur.

Pwysicach eto hyd yn oed oedd yr wythnosau ac yna'r misoedd a dreuliwn ar lan y môr bob blwyddyn ers pan oeddwn yn wyth oed. Roedd y profiad o'r anfeidrol a oedd yn ffinio ar y meidrol yn cyflawni fy nhuedd tuag at sefyllfa o ffin ac fe ddarparai i'm dychymyg symbol a fyddai'n rhoi sylwedd i'm hemosiynau a chreadigrwydd i'm meddyliau. Oni bai am y profiad hwn nid yw'n debygol y byddwn wedi datblygu damcaniaeth sefyllfa dyn ar y ffin fel yr wyf yn ei fynegi yn y *Religiöse Verwirklichung*[4].

---

[4] *The Religious Situation*, Efrog Newydd, Henry Holt, 1932

Elfen arall o fyfyrio am y môr yw'r modd deinamig y mae'n taro ar sicrwydd tawel y lan a'r ecstasi o'i dymhestloedd a'i donnau. O dan ddylanwad y môr terfysglyd canfyddais ddamcaniaeth y "crynswth deinamig" yn fy nhraethawd "Masse und Geist" (Crynswth ac Ysbryd)[5]. Cyfrannodd y môr hefyd yr elfen ddychmygol hanfodol i'r athrawiaeth o'r Absoliwt fel sail a dyfnder gwirionedd deinamig a sylwedd crefydd yn yr ystyr ei fod yn gwthio'r anfeidrol i feidroldeb. Dywedodd Nietzsche na allai unrhyw syniad fod yn wir oni bai ei fod wedi cael ei ddeor yn yr awyr agored. Yn yr awyr agored y cafodd llawer o'm syniadau eu geni; gwnaethpwyd llawer o'm hysgrifennu ynghanol y coed neu ar lan y môr. Mae symud yn ôl ac ymlaen rhwng elfennau'r dref a'r wlad wedi bod yn rhan hanfodol a dihalog o'm bywyd erioed – ac y mae'n parhau felly.

---

[5] 'Masse und Geist: Studien zur Philosophie der Masse', Volk und Geist, Rhif 1 Berlin/Frankfurt a.M, Verlag der Arbeitsgemeinschaft, 1922

RHWNG DOSBARTHIADAU CYMDEITHASOL

Daeth y ffin rhwng dosbarthiadau cymdeithasol yn amlwg i mi yn ifanc wrth brofi natur arbennig bywyd mewn tref fechan. Mynychais ysgol gyhoeddus, gan wneud llawer o ffrindiau a rhannu eu hatgasedd hwythau tuag at y dosbarth uwch a gynrychiolid gan fy rhieni a theuluoedd y maer, y meddyg, y fferyllydd, rhai masnachwyr ac ambell un arall. Er i mi wedyn gael gwersi Lladin preifat gyda rhai o'r criw dethol yma ac yn ddiweddarach fynychu'r *Gymnasium* yn y ddinas agos gyda nhw, fy ffrindiau go iawn oedd bechgyn yr ysgol gyhoeddus. Arweiniodd hyn at dipyn o dyndra rhyngof a phlant o'r un dosbarth cymdeithasol ac fe arhosom yn ddieithr i'n gilydd drwy gydol ein hamser yn yr ysgol. Fe arweinodd fy aelodaeth o'r dosbarth breintiedig at ymdeimlad o euogrwydd cymdeithasol yn gynnar a daeth hyn yn bwysig iawn yn ddiweddarach yn fy meddwl a'm gwaith. Dim ond dau ganlyniad sydd i gyfathrach gynnar ac agos plentyn sensitif o'r dosbarth uwch â phlant o'r dosbarthiadau is: y cyntaf yw datblygiad o euogrwydd cymdeithasol a'r ail, wrth ymateb i wrthryfel nerthol plant y dosbarthiadau is, atgasedd dosbarthiadol. Rwyf wedi profi'r ddau.

Mae fy mhrofiad o fod ar y ffin mewn materion cymdeithasol yn ymestyn ymhellach. Ymhlith aelodau eglwys fy nhad yr oedd nifer o aelodau o'r hen fonedd. Oherwydd bod y rhain yn aelodau ac yn noddwyr i'r eglwys roedd gan fy rhieni berthynas broffesiynol a chymdeithasol â hwy. Roeddwn yn falch fy mod yn cael ymweld â'u plastai a chwarae gyda'u plant. Mae un o feibion un o'r teuluoedd hyn wedi bod yn ffrind oes i mi, dyn o allu meddyliol arbennig. O ganlyniad i'r sefyllfa ffiniol hon, nid esblygodd fy ngwrthwynebiad diweddarach i'r bwrgais (fy nosbarth cymdeithasol fy hun) i fod ynddo'i hun yn fwrgeisiol, fel sy'n digwydd yn aml iawn mewn sosialaeth. Yn hytrach ceisiais ymgorffori mewn sosialaeth yr elfennau hynny o'r traddodiad ffiwdal yr oedd iddynt ymlyniad mewnol â'r egwyddor sosialaidd. Mae fy ymgais wreiddiol i ddatblygu sosialaeth grefyddol i'w chanfod yn gyntaf yn "Grundlinien des religiösen

Sozialismus" (Egwyddorion Sosialaeth Grefyddol) [6] ac wedyn yn fy llyfr *Die sozialistische Entscheidung* (The Socialist Decision)[7]. Yn sgil hynny bu'n anodd i mi ymuno â phlaid oedd bellach wedi tyfu mor fwrgeisiol â'r Democratiaid Rhyddfrydol yn yr Almaen – ac fe wneuthum hynny yn unig o achos sefyllfa wleidyddol benodol y cyfnod. Mae'r traethawd "Das Problem der Macht: Versuch einer philosophischen Grundlegung"[8] sy'n ymdrin â'r profiad hwn o gyfnod fy ieuenctid wedi cael ei gamddeall gan rai o'm ffrindiau hyd yn oed oherwydd bod eu heddychiaeth fwrgeisiol yn amddifad o'r sefyllfa ffin benodol hon.

Dylem ddweud rhywbeth yma am y gwasanaeth sifil yn yr Almaen sydd i raddau helaethach nag yn unrhyw le arall yn ffurfio grŵp ar wahân ac iddo ei draddodiadau arbennig a rhyfedd ei hun. Rwyf i fy hun yn perthyn iddo yn yr ystyr gulaf, yn fab i weinidog a oedd hefyd yn swyddog ysgol ac wedyn yn athro mewn prifysgol

---

[6] 'Grundlinien des religiösen Sozialismus. Ein systematischer Entwurf', Blätter fur Religiösen Sozialismus, Berlin, IV, Rhif 8/10, 1923

[7] *Die Sozialistische Entcheidung*, Potsdam, Alfred Protte, 1933

[8] 'Das Problem der Macht. Versuch einer philosophischen Grundlegung', *Neue Blätter für den Sozialismus*, Potsdam, II, Rhif 4, Ebrill 1931

Brwsiaidd. Y mynegiant gorau o'r hyn a olygir gan fiwrocratiaeth Brwsiaidd yw llyfr Kant, *Beirniadaeth o Reswm Ymarferol*. Mae'r feirniadaeth yn cael ei chynnal ar sail y syniad o ddyletswydd ar draul popeth arall, gwerthfawrogi cyfraith a threfn fel y safon uchaf, y duedd i ganoli grym y wladwriaeth, ymddarostyngiad i arweinyddion milwrol a gwladol, ac israddoliad ymwybodol yr unigolyn i'r "cyfanrwydd organig". Teg yw dweud fod hoffter llawer o athroniaeth Almaenig am systemau cymhleth o ran theori athronyddol ac ymarfer gwleidyddol yn deillio o'r meddylfryd hwn. Mae modd ei weld ar waith mewn sawl man yn fy mywyd a'm gwaith fy hun; yn fy *Entwurf eines Systems der Wissenschaften* (Braslun o System o'r Gwyddorau)[9], yn fy mharodrwydd i ddarostwng fy hunan i'r awdurdodau milwrol a gwladol yn ystod heddwch a rhyfel, ac yn olaf yn fy nghefnogaeth i blaid wleidyddol yr oeddwn yn gwrthwynebu llawer o'i rhaglen. Heb os nac oni bai, rwy'n ymwybodol o gyfyngiadau'r agwedd hon. Golyga hyn fod baich ofnadwy ar fy nghydwybod, baich sy'n brigo i'r wyneb gyda phob penderfyniad personol a phob ymwrthod â thraddodiad; mae'n amlygu ei hunan yn yr amhendantrwydd a ddêl yn

---

[9] *Das System der Wissenschaften nach Gegenständen und Methoden. Ein Entwurf,* Göttingen, Vandenhoeck & Ruprecht, 1923

wyneb yr hyn sy'n newydd ac yn annisgwyl, ac yn yr ysfa am drefn gynhwysfawr a fyddai'n lleihau'r perygl o ddewis personol.

Mynegwyd fy atgasedd tuag at fywyd hollol fwrgeisiol yn fy hoffter o'r grŵp cymdeithasol bach a elwid yn "bohemia". Roedd artistiaid, actorion, newyddiadurwyr, a llenorion yn ddylanwadol iawn o fewn y grŵp hwn, ac roedd yno gyfuniad o weithgarwch meddyliol a bydolwg oedd yn gwbl groes i'r bwrgais. Fel diwinydd ac academydd roeddwn unwaith eto ar y ffin. Nodweddwyd y grŵp hwn gan absenoldeb amlwg confensiynau meddwl ac ymddygiad bwrgeisiol, coleddent radicaliaeth feddyliol a meddent ar allu rhyfedd i'w beirniadu eu hunain mewn modd eironig. Cyfarfyddai'r bohemiaid mewn caffi a gweithdai a llefydd eraill nad oedd y dosbarth canol yn eu mynychu. Tueddent tuag at feirniadaeth radical yn eu gwleidyddiaeth a theimlent yn agosach at y gweithwyr comiwnyddol nag at aelodau o'u dosbarth cymdeithasol eu hunain. Roeddent yn dilyn mudiadau celfyddydol a llenyddol rhyngwladol, roeddent yn amheugar, yn grefyddol radical ac yn rhamantaidd; roeddent yn wrth-filwrol ac wedi eu dylanwadu gan Nietzsche, mynegiadaeth, a seicdreiddiad.

Nid oedd aelodau'r drefn ffiwdal na'r bwrgais cefnog yn gwrthwynebu'r grwpiau "bohemaidd", ac o ganlyniad roeddent bob amser yn medru cael eu derbyn yn rhengoedd y grwpiau bohemaidd. O'u derbyn roeddent yn cynnig breintiau cymdeithasol ac economaidd i'r bohemiaid. Daeth y gwrthwynebiad o du'r mân-fwrgais, y dosbarth canol is, gyda'u rhagfarnau a'u honiadau, eu diffyg diddordeb mewn problemau meddyliol ac yn arbennig rai celfyddydol, eu hangen am sicrwydd, a'u drwgdybiaeth o ddeallusion. Yr hyn a lywiodd fy nhynged feddyliol a phersonol oedd y ffaith nad oeddwn byth wedi bod yn rhan wironeddol o fywyd y mân-fwrgais ond yn hytrach, fel llawer o'u haelodau, wedi gwrthod y bywyd hwnnw gyda rhyw falchder amlwg os lled-ymwybodol. Roedd yr ymdrech i drechu'n ddeallusol gyfyngder y mân-fwrgais yn agor ar olygfeydd newydd yn gyson a fyddai yn eu tro yn ei gwneud hi'n anodd i mi ddarganfod gorffwysfan meddyliol neu gymdeithasol. Fe ymosodwyd arnaf yn bersonol o gyfeiriad chwyldro adweithiol y dosbarth canol, rhywbeth a darodd y deallusion yn galed ac a'u dinistriodd yn y pen draw. Ymateb i ymwrthod hanner teg a hanner annheg y deallusion Almaenig â'r dosbarth canol oedd erledigaeth sbeitlyd ar y deallusion gan gynrychiolwyr ideoleg ramantaidd y dosbarth canol (Natsïaeth).

RHWNG
REALITI A DYCHYMYG

Fe'm harweiniwyd yn gynnar gan yr anawsterau a brofais wrth ddod i gydnabod realiti i ffoi i fywyd o ffantasi. Pan oeddwn rhwng pedair ar ddeg a dwy ar bymtheg oed enciliais mor aml â phosib i fydoedd dychmygol oedd yn ymddangos yn fwy gwir na'r byd tu allan. Dros amser, datblygodd y dychymyg rhamantaidd hwn i fod yn ddychymyg athronyddol. Er gwell neu er gwaeth mae hyn wedi parhau ynof oddi ar hynny. Mae wedi bod yn fantais i'r graddau ei fod wedi fy ngalluogi i gyfuno categorïau, gweld haniaethau mewn termau diriaethol (nodaf bron â bod "mewn lliwiau") ac i arbrofi gydag ystod eang o bosibiliadau cysyniadol. Mae wedi bod o fantais amheus i'r graddau fod perygl i'r fath allu dychmygus gamgymryd creadigaethau'r dychymyg am realiti, hynny yw, eithrio profiad a beirniadaeth resymol, meddwl mewn monolog yn hytrach na deialog, ac ynysu ei hunan oddi wrth ymdrech wyddonol gydweithredol. Os oedd y duedd ddychmygus hon (ynghyd â rhai amgylchiadau eraill) yn dda neu'n ddrwg ai peidio, bu'n gyfrifol am fy atal rhag dod yn ysgolhaig yn ystyr arferol y gair. Ymhlith meddylwyr y dauddegau roedd yna ryw fath o atgasedd o'r ysgolhaig yn yr ystyr gyfyngedig o fod yn "arbenigwr".

Ymysg pethau eraill, mae dychymyg yn arddangos ei hun yn hyfrydwch chwarae. Mae'r hyfrydwch hwn wedi bod yn gwmni i mi drwy gydol fy mywyd mewn gemau a chwaraeon (peth na chymerais o ddifrif o gwbl), mewn adloniant, ac yn yr emosiwn chwareus sy'n dod gydag eiliadau cynhyrchiol ac sy'n eu gwneud yn fynegiant o'r ffurf fwyaf uchel ar ryddid dynol. Yr hyn oedd wastad yn apelio ataf oedd theori ramantaidd chwarae, hoffter Nietzsche o chwarae yn hytrach nag "ysbryd dwyster", "sffêr esthetig" Kierkegaard, a'r elfen ddychmygus mewn mytholeg a oedd bob amser yn atyniadol ac yn beryglus i mi. Efallai mai ymwybyddiaeth o'r perygl hwn oedd yr union beth a'm harweiniodd fwyfwy i ddifrifwch digamsyniol crefydd broffwydol. Roedd fy sylwadau yn *Die sozialistische Entscheidung* (The Socialist Decision)[10] am yr ymwybyddiaeth fytholegol yn brotest nid yn unig yn

---

[10] *Die Sozialistische Entscheidung*, Potsdam, AlfredProtte, 1933

erbyn absenoldeb difrifwch mewn paganiaeth genedlaethol ond hefyd yn ddatganiad yn erbyn yr elfen ramantaidd-fytholegol nas concwerwyd ynof fi fy hun.

Celf yw ffurf uchaf chwarae a byd creadigol y dychymyg. Er nad wyf wedi cynhyrchu unrhyw beth ym myd y celfyddydau creadigol, mae fy nghariad at y celfyddydau wedi bod o bwys mawr i'm gwaith athronyddol a diwinyddol. Yn fy nghartref cadwodd fy nhad y traddodiadau cerddorol a oedd yn gysylltiedig â'r weinidogaeth efengylaidd. Ysgrifennodd gerddoriaeth ei hun; ond hefyd, fel y rhan fwyaf o Brotestaniaid Almaenig, prin oedd ei ddiddordeb mewn pensaernïaeth a'r celfyddydau cain. Gan nad oes gennyf ddawn artistig a chan nad wyf ond wedi datblygu gwerthfawrogiad o'r celfyddydau gweledol yn ddiweddarach mewn bywyd, diddordeb mewn llenyddiaeth a fynegai fy ysfa am gelfyddyd. Gweddai hyn yn iawn i'r traddodiad dyneiddiol o addysg yn y *Gymnasium*. Daeth cyfieithiad clasurol Schlegel o Shakespeare yn arbennig o bwysig i mi. Roeddwn yn uniaethu gyda ffigyrau fel Hamlet (bron i raddau peryglus). Hyd yn oed heddiw mae fy nghydymdeimlad greddfol â'r hyn a elwir yn ddirfodaeth yn mynd yn ôl i ddealltwriaeth ddirfodol o'r corff hynod hwn o lenyddiaeth. Ni chafodd naill ai Goethe na

Dostoevsky effaith debyg arnaf. Deuthum i ddarllen Dostoevsky yn rhy hwyr yn fy mywyd. Nid oedd digon o sefyllfa'r ffin yn ystyr Kierkegaard o'r gair yng ngwaith Goethe – beirniadaeth rwyf bellach wedi dod i ailymweld â hi yn fy henaint. Hyd yn oed wedi i'm brwdfrydedd dros Hamlet (a barodd beth amser) bylu rywfaint parhaodd fy ngallu i uniaiethu'n llwyr â chreadigaethau eraill o ffansi farddonol. Byddai rhyw waith llenyddol neu'i gilydd yn pennu naws benodol, neu liw fel petai, rhai wythnosau neu fisoedd o'm bywyd. Yn ddiweddarach, daethai hyn yn arbennig o wir am nofelau – ac er mai'n anaml y buaswn yn eu darllen, buaswn yn gwneud hynny bob amser â diddordeb angerddol.

Eto i gyd mae yna ormod o athroniaeth mewn llenyddiaeth i fedru diwallu'n iawn yr awydd am fyfyrdod artistig pur. Roedd darganfod arluniaeth yn brofiad di-droi'n-ôl i mi. Digwyddodd yn ystod y Rhyfel Byd Cyntaf, fel adwaith i arswyd, hylltra a dinistr rhyfel. Ymhyfrydwn hyd yn oed yn y copïau gwael oedd ar gael yn y siopau milwrol ac fe ddatblgodd hyn i fod yn astudiaeth systematig o hanes celf. Esgorodd yr astudiaeth ar brofiad o gelf. Rwy'n cofio'n glir fy nghyfarfyddiad cyntaf – bron ei fod yn weledigaeth – â phaentiad gan Botticelli ym Merlin yn ystod fy ngwyliau olaf o'r rhyfel. Ar sail y myfyrdod athronyddol a diwinyddol a ysgogwyd gan y profiadau hyn, datblygais rai categorïau sylfaenol ar athroniaeth crefydd a diwylliant, sef, ffurf a sylwedd. Mae gennyf ddyled arbennig i'r arddull fynegiannol a ymddangosodd yn yr Almaen yn ystod degawd cyntaf y ganrif hon ac a enillodd gydnabyddiaeth gyhoeddus dim ond wedi adwaith anneallus ac ymdrech chwerw ar ran y dosbarth canol is. Agorodd hyn fy llygaid i'r modd y gall sylwedd gwaith celf ddinistrio'r ffurf a thrwy hynny ddatguddio'i oleuni creadigol. Enghraifft arall yw'r syniad o "dorri trwodd" sydd wrth wraidd fy theori o ddatguddiad.

Yn ddiweddarach, pan oedd mynegiadaeth yn datblygu i fod yn realaeth newydd, datblygais fy syniad o "realaeth grediniol" (belief-ful realism) o astudiaeth o'r dull newydd. Y syniad hwn o "realaeth grediniol" yw'r syniad canolog yn fy llyfr, *The Religious Situation*[11] sydd o'r herwydd wedi ei gyflwyno i ffrind oedd yn arlunydd. Roedd yr hyn a welais o wahanol bortreadau o bobl a grwpiau mewn Celf Orllewinol yn ysbrydoliaeth ar gyfer darlith, "Masse und Persönlichkeit" (Crynswth a Phersonoliaeth)[12]. Deuthum yn fwy hoff o'r hen Eglwys a'i hatebion i broblemau diwinyddol fel "Duw a'r Byd", "Yr Eglwys a'r Wladwr-

---

[11] *The Religious Situation*, Efrog Newydd, Henry Holt, 1932
[12] 'Masse und Persönlichkeit', Göttingen, Vandenhoeck & Ruprecht, 1920

iaeth" ac fe gafodd hyn ei feithrin gan yr argraff ddofn a wnaeth celf gynnar Gristnogol yr Eidal arnaf. Cyflawnodd y brithweithiau hyn yn yr hen fasilicas Rhufeinig rywbeth na allai unrhyw astudiaeth o hanes eglwys ei wneud. Mynegwyd fy niddordeb mewn paentio yn yr erthygl "Stil und Stoff in der bildenden Kunst" (Arddull a Deunydd mewn Celf Blastig), yn fy araith yn agoriad yr arddangosfa o gelf grefyddol ym Merlin yn 1930, yn y mannau perthnasol o *Das System der Wissenschaften nach Gegenständen und Methoden*[13] (System y Gwyddorau yn ôl eu Pynciau a'u Dulliau), yn fy "Religionsphilosophie" (Athroniaeth Crefydd)[14] ac yn *The Religious Situation.*

Agorodd y profiad ysbrydoledig hwn ffordd i mi werthfawrogi llenyddiaeth fodern Almaeneg, sef gwaith Hofmannsthal, George, Rilke a Werfel. Yr hyn a wnaeth yr argraff fwyaf arnaf oedd barddoniaeth ddiweddarach Rilke. Gwnaeth ei realaeth ddofn, seicdreiddiol, y golud cyfriniol a'r ffurf farddonol ac iddi ryw sylwedd metaffisegol y farddoniaeth hon yn gerbyd y gallwn fynegi

---

[13] *Das System der Wissenschaften nach Gegenständen und Methoden. Ein Entwurf,* Göttingen, Vandenhoeck & Ruprecht, 1923

[14] 'Religionsphilosophie', *Lehrbuch der Philosophie,* gol. Max Dessoir, rhifyn II: *Die Philosophie in ihren Einzelgebieten,* Berlin, Ullstein, 1925

drwyddi haniaeth fy athroniaeth grefyddol innau. Fy ngwraig a'm cyflwynodd i farddoniaeth, ac iddi hithau ac i minnau fe ddaeth y cerddi hyn yn llyfr myfyrdod y gallem droi ato dro ar ôl tro.

RHWNG
THEORI A GWEITHRED

Nid oedd gennyf unrhyw amheuaeth – na neb arall chwaith – mai bywyd meddyliol yn hytrach na byd o faterion ymarferol oedd fy nhynged. Dim ond rhyw wyth oed oeddwn i pan geisiais yn gyntaf ymgodymu â'r syniad o'r Anfeidrol. Yn yr ysgol ac yn fy hyfforddiant cyn fy medydd esgob roedd athrawiaeth Gristnogol wedi fy niddori'n llwyr ac fe ddarllenais yn awchus lyfrau poblogaidd ar athroniaeth. Cadarnhaodd fy addysg yn y traddodiad dyneiddiol a'm brwdfrydedd at iaith a llenyddiaeth y Groegiaid y duedd hon tuag at y damcaniaethol. Cytunais yn llwyr gyda'r hyn a ddywed Aristoteles yn *Nicomachean Ethics* mai dim ond myfyrdod pur a all roi hapusrwydd pur. Roedd fy nadleuon mewnol â gwirionedd crefydd draddodiadol hefyd yn fy nghadw o fewn ffiniau cylch damcaniadol. Yn y bywyd crefyddol, fodd bynnag, mae myfyrdod yn golygu rhywbeth mwy nag ymwybyddiaeth o Fod. Eich bodolaeth bersonol yw'r fenter mewn gwirionedd crefyddol. Bod neu beidio â bod: dyna'r cwestiwn. Gwirionedd dirfodol yw gwirionedd crefyddol; ac i'r graddau hyn ni ellir ei wahaniaethu oddi wrth ymarferiad. Mae gwirionedd crefyddol yn rhywbeth i'w *wneuthur*, fel y dywed Efengyl Ioan.

Er hynny, daeth yn amlwg yn fuan fod ymlyniad unochrog wrth fyfyrdod yn seiliedig ar yr un math o ffoi oddi wrth realiti â'r ffoi i ffantasi llenyddol. Cyn gynted ag y sylweddolais y perygl hwn ac fe'm hwynebwyd â gorchwylion ymarferol, ymgollais ynddynt ag awydd cyflawn – yn rhannol er lles ac yn rhannol ar draul fy niddordebau meddyliol. Yr enghraifft gyntaf o'r ymroddiad hwn i faterion dydd-i-ddydd oedd fy nghyfraniad at fudiad myfyrwyr o'r enw *Wingolf*. O ganlyniad i'r tensiwn rhwng ei egwyddorion Cristnogol a syniadau modern, rhyddfrydol, ynghyd â'r tensiwn personol a gyfyd yn rhwydd iawn tu fewn i gylchoedd o fyfyrwyr ieuanc, cododd llawer o gwestiynau ynglŷn â pholisi ymarferol, yn arbennig pan oeddwn yn arweinydd y mudiad. Dadleuwyd pwnc egwyddorion cymunedol Cristnogol mor drwyadl yn y grŵp nes bod pob un a oedd yn weithredol yn yr ymdrech wedi elwa'n fawr ohoni. Yn ystod yr adeg hon deuthum i ddeall gwerth gosodiadau gwrthrychol megis credoau enwadol. Os rhydd cymuned ei chydnabyddiaeth gyffredinol i sail gyffesiadol y mae ei hystyr yn goresgyn cred neu amheuaeth oddrychol wedyn fe ddeil yn gyfan hyd yn oed pan fo tuedd tuag at amheuaeth, beirniadaeth ac ansicrwydd.

Dilynwyd fy astudiaethau yn y Brifysgol gan ddwy flynedd o waith plwyf a phedair blynedd fel caplan ar y ffrynt Gorllewinol. Wedi'r rhyfel treuliais amser byr yn gwneud gwaith gweinyddol i'r eglwys. Cyfyngwyd fy astudiaethau theoretig yn fawr yn ystod y blynyddoedd hyn o weithgarwch ymarferol, er nad oeddent wedi eu rhwystro'n llwyr. Er hynny, ni siglwyd fy ymrwymiad sylfaenol i'r bywyd theoretig.

Ar doriad y chwyldro cadarnhawyd y tyndra rhwng theori ac ymarfer. Am y tro cyntaf deuthum yn ymwybodol iawn o'r sefyllfa boliticaidd. Fel y rhan fwyaf o ddeallusion o Almaenwyr roeddwn wedi bod yn bur ddifater ynghylch gwleidyddiaeth cyn 1914. Ni fynegwyd ein hymdeimlad o euogrwydd cymdeithasol mewn ffurf wleidyddol. Dim ond adeg cwymp ymerodraethol yr Almaen a chwyldro blwyddyn olaf y Rhyfel Byd Cyntaf y dechreuais ddeall y fath bynciau â chefndir gwleidyddol y rhyfel, y gydberthynas rhwng cyfalafiaeth ac imperialaeth, argyfwng cymdeithas fwrgeisiol, a'r rhaniadau rhwng dosbarthiadau cymdeithasol. Roedd pwysau ofnadwy'r rhyfel, a oedd wedi bygwth dileu'r syniad o Dduw neu roi iddo ryw ystyr cythreulig, wedi canfod mynegiant yn y darganfyddiad o gyfrifoldeb dynol am y rhyfel a'r gobaith i drawsnewid cymdeithas ddynol. Pan ddaeth yr alwad am fudiad sosialaidd crefyddol ni allwn ac ni fynnwn ei gwrthod. Yn gyntaf roeddem yn gweithio ar broblemau o "grefydd a sosialaeth" yn unig. Roedd y grŵp yr oeddwn yn perthyn iddo yn gylch o athrawon, Mennicke, Heimann, Löw ac eraill, pob un ohonynt yn ymddiddori'n benodol mewn theori. Er hynny, gwleidyddol oedd diben ein gwaith ac felly daethom wyneb yn wyneb yn naturiol â phroblemau gwleidyddiaeth ymarferol a fyddai'n aml yn gwrthdaro â safbwyntiau theoretig. Adlewyrchwyd y gwrthdaro hwn yn ein hymryson ynghylch dylanwad sosialaeth grefyddol ar yr eglwysi, y pleidiau gwleidyddol a, chan ein bod yn athrawon, y prifysgolion.

Yn yr Eglwys Efengylaidd roedd yna garfan o sosialwyr crefyddol eisoes wedi ymffurfio gyda'r pwrpas o lanw'r bwlch rhwng yr Eglwys a'r Blaid Sosialaidd Ddemocrat-aidd drwy newid polisi eglwysig a hefyd drwy ddadl theoretig. Gan fy mod yn credu – efallai'n anghyfiawn – fod ei seiliau theoretig yn annigonol cedwais draw o'r grŵp ac felly fe gollais y cyfle i fod yn weithgar mewn gwleidyddiaeth eglwysig. Y tro hwn daeth y fantol rhwng theori ac ymarfer i lawr yn gadarn ar ochr theori ond efallai nad oedd hynny o fudd iddi.

Felly hefyd y bu gyda'm perthynas â'r Blaid Sosialaidd Ddemocrataidd. Deuthum yn aelod er mwyn ceisio dylanwadu arni drwy gyfrannu at ddatblygiad ei sylfaen theoretig. I'r diben hwn ymunais gyda'm ffrindiau o'r garfan sosialaidd-grefyddol i sefydlu'r cylchgrawn 'Neue Blätter für den Sozialismus'[15]. Ein gobaith oedd y byddai'n adfywio diwinyddiaeth anhyblyg sosialaeth Almaenig a'i haildrefnu o safbwynt athronyddol a diwinyddol. Ni chwaraeais ran bersonol mewn gwleidyddiaeth ymarferol ond gan fod llawer o'm cydweithwyr yn weithgar iawn mewn gwleidyddiaeth, roedd ein cylchgrawn yn ymdrin â phroblemau'r sefyllfa boliticaidd ar y pryd. Wrth reswm, ni wrthodwn unrhyw orchwylion arbennig. Eto ni fyddwn yn gwirfoddoli i'w cyflawni chwaith, ac efallai fod hyn wedi bod ar draul y dasg theoretig o wireddu nod gwleidyddol a chyfrannu at ffurfio sylfaen gysyniadol mudiad gwleid-yddol. Ar y llaw arall, roedd hyd yn oed y cysylltiadau anaml hynny â gwleidyddiaeth ymarferol yn rhwystr ar y canolbwyntio a oedd mor angenrheidiol i'm gwaith proffesiynol.

---

[15] *Neue Blätter für den Sozialismus*, Potsdam, Alfred Protte, 1931

Daeth y tyndra rhwng theori ac ymarfer i'w benllanw yn y ddadl wedi'r rhyfel ynghylch ad-drefnu prifysgolion yr Almaen. Yn ystod y bedwaredd ganrif ar bymtheg fe danseiliwyd hen uchelgais ddyneiddiol clasuriaeth gan arbenigedd y gwyddorau a chan y galw cynyddol, ansoddol a meintiol, am hyfforddiant proffesiynol. Gyda chynifer o fyfyrwyr yn dod i mewn ni allem bellach esgus cynnal yr uchelgais glasurol o'r dyn 'cyflawn ei feddwl'. Dyfeisiwyd cyfaddawd gwan i guddio'r bwlch rhwng realiti ac uchelgais. Mewn traethawd a gyhoeddwyd yn y *Frankfurter Zeitung* ar 22 Tachwedd 1931 cynigais gynllun rhaglen addysg ddeublyg a ysgogodd gryn ganmoliaeth a gwrthwynebiad. Ar y naill law, cefnogais sefydlu ysgolion proffesiynol, ac ar y llaw arall gyfadran celfyddydau rhyddfrydol a fyddai'n cadw'r hen syniad o brifysgol am ei fod yn rhydd o'r gwaith paratoad proffesiynol. Roedd y ddau i fod yn gyd-gysylltiedig ond yn wahanol eu diben a'u cyfrwng. Natur y gyfadran celfyddydau rhyddfrydol fyddai mynegi ysbryd yr athroniaeth a geisiai oleuo'r cwestiwn o fodolaeth ddynol â'r *Logos*. Byddai'n codi cwestiynau radical heb ystyried teyrngarwch gwleidyddol neu grefyddol. Ar yr un pryd, byddai athroniaeth addysgol y gyfadran yn cael ei llywio'n llwyr gan broblemau ysbrydol a chymdeithasol y bywyd cyfoes. Mae'n rhaid i unrhyw athroniaeth fawr greadigol ateb y gofynion hyn.

Arwydd o wendid oedd y duedd yn y bedwaredd ganrif ar bymtheg pan ddaeth athroniaeth yn fwyfwy – ar wahân i ambell eithriad – i fod yn offeryn yr ysgolion hynny oedd ag "athrawon athroniaeth". Nid llai niweidiol, er hynny, yw'r ymdrechion yn ein canrif ni i fygu cwestiynau radical drwy ffyrdd gwleidyddol ac felly fynnu syniad gwleidyddol arbennig o'r byd. Mae'r 'brifysgol wleidyddol' heddiw yn aberthu theori ar allor ymarfer. Mae hyn yn llethol i'r ddau fath o brifysgol, fel y mae ei wrthwyneb. Ar hyn o bryd mae'r ffin rhwng theori ac ymarfer wedi troi'n faes brwydr lle bydd tynged prifysgolion y dyfodol – ac felly hefyd dynged diwylliant dyneiddiol y byd gwareiddiedig – yn cael ei phenderfynu.

RHWNG
HETERONOMI AC AWTONOMI

Dim ond wedi ymdrech o ddifrif y llwyddais i gyrraedd awtonomi meddyliol a moesol. Oherwydd bod ei safle yn yr eglwys yn rhywbeth a gysylltwn ag awdurdod crefyddol datguddiad, roedd awdurdod fy nhad yn bersonol ac yn feddyliol fel ei gilydd nes bod pob ymgais i feddwl drosof fy hun yn weithred o feiddgarwch crefyddol a fyddai'n cyplysu beirniadaeth o awdurdod ag ymdeimlad o euogrwydd. Profiad oesol dynoliaeth yw mai dim ond drwy dorri tabŵ yr enillir gwybodaeth newydd a bod ymdrech i feddwl yn annibynnol yn cael ei ganlyn gan ymdeimlad o euogrwydd. Roedd hyn yn rhan sylfaenol o'm profiad yn ystod fy mywyd. O ganlyniad roedd yna rwystrau mewnol yn wynebu pob beirniadaeth ddiwinyddol, foesegol a pholiticaidd a dim ond ar ôl ymdrech hir y'u goresgynwyd. Golygai hyn fy mod yn gwerthfawrogi i raddau helaethach arwyddocâd, difrifoldeb a phwysau'r fath ymholiadau. Erbyn i mi amgyffred yr hyn a oedd eisoes yn amlwg iawn i'r meddwl cyffredin ers peth amser roedd yn dal yn ymddangos i mi i fod yn rhywbeth syfrdanol oedd yn llawn goblygiadau chwyldroadol. Roedd meddwl cwbl rydd yn rhywbeth amheus i mi. Ychydig iawn o hyder oedd gennyf yng ngallu creadigol meddwl a oedd yn hollol awtonomegol. Yn y traddodiad hwn y traddodais gyfres o ddarlithoedd prifysgol a oedd yn ymwneud yn arbennig â methiannau trychinebus, hanesyddol a phresennol, o feddwl awtonomegol, e.e. datblygiad athroniaeth Roegaidd wedi ymddangosiad awtonomi rhesymegol a dirywiad yr athroniaeth honno i sgeptigaeth a thebygoliaeth hyd at y dychweliad i'r 'hynafiaeth newydd' o'r hen fyd. I mi roedd hyn yn sylfaen gadarn dros gredu na allai rheswm awtonomegol greu iddo'i hun fyd ac iddo sylwedd real. Mewn darlithoedd ar athroniaeth y Canol Oesoedd ac ar hanes meddyliol Protestaniaeth, ac yn fy ysgrif, *The Religious Situation*, defnyddiais y syniad hwn a'i osod ar hanes meddyliol y Gorllewin, ac wrth wneud hyn darganfyddais yr angen am theonomi, hynny yw meddwl awtonomegol sydd wedi ei oleuo gan ryw sylwedd crefyddol.

Nid er mwyn hwyluso llwybr i'r heteronomi newydd y mynegwyd y feirniadaeth ar awtonomi pur. Ymddarostyngiad i awdurdod, boed yn dduwiol neu'n seciwlar, h.y. heteronomi, oedd yr union beth yr oeddwn wedi ei wrthod. Ni allaf ac ni ddymunaf ddychwelyd iddo. Os mai'r duedd yn nigwyddiadau presennol Ewrop yw dychwelyd i heteronomi hen neu newydd ni allaf ond protestio'n angerddol yn erbyn hynny, er fy mod yn deall yn iawn y cymhellion sydd wrth wraidd tuedd o'r fath. Nid rhywbeth i'w ildio'n hawdd yw'r awtonomi a enillwyd drwy ymdrech galed – yn wahanol i un sydd wedi ei dderbyn fel mater o ffaith. Unwaith mae dyn wedi torri'n rhydd o dabŵ yr awdurdodau sanctaidd ni all ufuddhau i ryw heteronomi arall, boed hwnnw'n grefyddol neu'n boliticaidd. Canlyniad y gwacter a'r sgeptigaeth sy'n gysylltiedig â phob awdurdod traddodiadol yw'r rheswm pam y mae'r fath ymddarostyngiad wedi dod mor rhwydd i gymaint yn ein dydd. Hawdd iawn yw taflu i'r naill ochr ryddid nad yw dyn wedi ymladd drosto nac wedi aberthu ar ei gyfer. Dyma'r unig fodd i ddeall y dymuniad ymhlith ieuenctid Ewrop am gaethiwed newydd (gan osod i'r naill ochr y ffactorau cymdeithasegol).

Ers amser rwyf wedi gwrthwynebu'r system grefyddol fwyaf heteronomaidd, sef Catholigiaeth Rufeinig. Protest Brotestannaidd ac awtonomegol oedd hyn. Nid yn erbyn y gwerthoedd dogmatig na'r ffurfiau litwrgaidd yr oeddwn yn protestio, er gwaethaf y gwahaniaethau diwinyddol, ond yn hytrach yn erbyn natur heteronomaidd Catholigiaeth a'i honiad o awdurdod dogmatig sy'n ddilys hyd yn oed yn wyneb ymddarostyngiad arwynebol iddo. Dim ond unwaith yr ystyriais bod yn Babydd o ddifri. Yn 1933, cyn i Brotestaniaeth Almaenig ddeffro a sylweddoli ystyr Natsïaeth, gwelais ond dau ddewis posib: naill ai'r eglwys Rufeinig neu baganiaeth genedlaetholgar dan fantell Protestaniaeth. O ddewis rhwng y ddau heteronomi byddai'n rhaid i mi ddewis Catholigiaeth. Ni fu'n rhaid i mi wneud y fath ddewis achos fe gofiodd Protestaniaeth yr Almaen ei sylfaen Gristnogol.

Gwelir y frwydr hon rhwng awtonomi a heteronomi ar lefel arall mewn Protestaniaeth. Dim ond drwy brotestio yn erbyn uniongrededd Brotestannaidd, hyd yn oed yn ei ffurf gymedrol o'r bedwaredd ganrif ar bymtheg, y gwneuthum ganfod fy ffordd tuag at awtonomi. Dyma'r rheswm dros fy mhroblem ddiwinyddol sylfaenol sef cysylltu'r absoliwt, sydd ymhlyg yn y syniad o Dduw, â pherthynoldeb crefydd ddynol. Daw dogmatiaeth grefyddol i fod, gan gynnwys dogmatiaeth uniongrededd Protestannaidd a'r bennod ddiweddaraf yn yr hyn a elwir yn ddiwinyddiaeth ddilechdidol, pan fo crefydd hanesyddol yn cael ei gwisgo â dilysrwydd diamod y duwiol, fel pan fo llyfr, person, cymdeithas, sefydliad neu athrawiaeth yn hawlio awdurdod terfynol ac yn gofyn am ymddarostyngiad pob realiti arall – oblegid ni all unrhyw hawl arall fodoli ar wahân i hawl ddiamod y duwiol. Ond dyma wraidd pob heteronomi a gwraidd cythreuldeb crefydd ddynol. Rhywbeth meidrol a chyfyngedig sydd wedi cael ei ystyried mor bwysig â'r anfeidrol yw'r cythreulig. Yn hwyr neu'n hwyrach daw ei natur gythreulig i'r amlwg wrth i ryw realiti meidrol arall sydd hefyd yn hawlio anfeidroldeb ei wrthwynebu ac o ganlyniad gwahanir yr ymwybyddiaeth ddynol rhwng y ddau.

Dwedodd Karl Barth fod fy agwedd negyddol tuag at heteronomi a'm defnydd o'r gair cythreulig i'w ddisgrifio yn mynegi ymdrech yn erbyn y Chwilyswr Mawr (fel y portreadwyd yn *Y Brodyr Karamazov* gan Dostoevsky), ymdrech nad yw'n angenrheidiol bellach. I mi mae datblygiad yr Eglwys Almaenig Gyffesol yn y blynyddoedd diweddar yn dangos pa mor angenrheidiol yw parhad yr ymdrech hon. Daw'r Chwilyswr Mawr i fewn i'r Eglwys Gyffesol gan wisgo arfwisg rymus ond tynn goruwchnaturiolaeth Barthaidd. Efallai y gwnaiff safbwynt cul iawn y Barthiaid achub Protestaniaeth Almaenig; ond mae hefyd yn creu heteronomi newydd, agwedd sy'n gwadu'r egwyddor Brotestannaidd am ei fod yn wrth-ddyneiddiol ac yn wrth-awtonomegol. Bydd Protestaniaeth ond yn parhau i fod yn rhywbeth mwy na rhyw ffurf wan ar Babyddiaeth gyhyd ag y bo ynddi brotest fyw yn erbyn pob sylweddoliad oddi fewn iddi. Nid beirniadaeth resymol yw'r brotest Brotestannaidd hon ond barn broffwydol. Nid awtonomi yw ond yn hytrach theonomi, hyd yn oed pan welir ef, fel sy'n digwydd yn aml, mewn ffurfiau rhesymegol a dyneiddiol. Yn y gair theonomig proffwydol, mae'r gwrthddywediad rhwng awtonomi a heteronomi yn cael ei orchfygu.

Ond os yw protest a beirniadaeth broffwydol yn elfennau angenrheidiol o Brotestaniaeth, fe gwyd cwestiwn ynghylch sut y gall Protestaniaeth gael ei hymgorffori yn y byd. Rhagdybia addoli, pregethu a hyfforddi y mynegiadau o'r sylwedd y gellir ei draddodi. Mae angen ar yr eglwys sefydliadol, a hyd yn oed ar y gair proffwydol ei hun, sylfaen sacramentaidd, bywyd ymgnawdoledig i'w porthi. Ni all bywyd sefyll ar ei ffiniau ei hun yn unig: yn ei ganol mae'n rhaid iddo fyw ar sail ei gyflawnder ei hun. Mae'r egwyddor Brotestannaidd o feirniadaeth a phrotest yn gywiriad angenrheidiol; ond nid yw'n adeiladol ynddi'i hun. Mewn cydweithrediad ag eraill cyfrannais draethawd i'r llyfr, *Protestantismus als Kritik und Gestaltung* (Protestaniaeth fel Beirniadaeth ac Adeiladaeth)[16], a oedd

---

[16] *Protestantismus als Kritik und Gestaltung*, Darmstadt, Otto Reichl, 1929

yn trafod y cwestiwn o gyflawniad Protestaniaeth. Dyma'r broblem a esgorodd ar deitl fy ngwaith diwinyddol mawr cyntaf, *Religiöse Verwirklichung* (Gwireddiad Crefyddol)[17]. Rhaid i Brotestan-iaeth fyw oddi mewn i'r tyndra rhwng y sagrafennol a'r proffwydol, rhwng y cyfansoddol a'r cywirol. Pe bai i'r elfennau hyn wahanu byddai'r cyntaf yn heteronomi a'r ail yn wag. Gwelaf eu hundod fel symbol a realiti yn narlun y Testament Newydd o'r Crist croeshoeliedig. Yno fe fynegir ac fe aberthir y posibiliad crefyddol uchaf ar yr un pryd.

Cafodd y broblem o awtonomi a heteronomi crefyddol fwy o bwysigrwydd yn sgil yr hyn a ddigwyddodd yn y blynyddoedd diwethaf ym Mhrotestaniaeth yr Almaen ac ymddangosiad paganiaeth newydd ar dir Cristnogol. Daeth cwestiwn y safon derfynol i feddwl a gweithred ddynol yn gwestiwn mwy tyngedfennol nag y bu oddi ar y frwydr rhwng paganiaeth Rufeinig a Christnogaeth gynnar. Mae'r ymosodiad Natsïaidd ar y groes fel safon pob gweithgarwch dynol wedi adnewyddu'n dealltwriaeth o ystyr y groes. Daeth y cwestiwn o heteronomi ac awtonomi yn gwestiwn y safon derfynol o fodolaeth

---

[17] *Religiöse Verwirklichung*, Berlin, Furche, 1929

ddynol. Yn y frwydr hon fe benderfynir tynged Cristnogaeth Almaenig, cenedl yr Almaen, a chenhedloedd Cristnogol yn gyffredinol.

Mae awdurdod yn rhan hanfodol o bob system boliticaidd, nid yn unig y ffaith ei fod yn meddu ar gyfryngau grym ond hefyd yn nhermau cydsyniad mud neu fynegiannol y bobl. Mae'r math hwn o gydsyniad ond yn bosib pan fydd y grŵp sydd mewn grym yn mynegi syniad sy'n bwerus ac yn arwyddocaol i bawb. Felly, yn y cylch gwleidyddol y mae yna berthynas rhwng awdurdod a heteronomi. Yn fy nhraethawd, 'Der Staat als Erwartung und Aufgabe' (Y Wladwriaeth fel Addewid a Gorchwyl)[18] disgrifiais y berthynas fel a ganlyn: 'Mae pob fframwaith gwleidyddol yn rhagdybio grym ac o ganlyniad grŵp sydd mewn grym. Gan fod grŵp grymus hefyd yn gasgliad o ddiddordebau sy'n gwrthwynebu unedau eraill o ddiddordeb, bydd wastad angen cywirydd arno. Mae democratiaeth yn gyfiawn ac yn angenrheidiol i'r graddau y bo'n system sy'n cynnwys ynddi gywiryddion i atal camddefnydd o awdurdod gwleidyddol. Daw'n amhosib i'w gynnal unwaith y bydd yn rhwystro ffurfiant grŵp grym.

---

[18] 'Der Staat als Erwartung und Forderung', yn *Religiöse Verwirklichung*, Berlin, Furche, 1929

Digwyddodd hyn yng Ngweriniaeth Weimar gan fod ei ffurf ddemocrataidd benodol yn ei gwneud yn amhosib o'r cychwyn cyntaf i unrhyw grŵp ennill grym. Ar y llaw arall, mae'r cywirydd yn erbyn camddefnyddio awdurdod gan y grŵp sydd mewn grym yn absennol mewn systemau unbeniaethol. Y canlyniad yw caethiwed y genedl gyfan a llygredigaeth y dosbarth sy'n rheoli.' Oddi ar i mi wneud fy mhenderfyniad gwleidyddol cyntaf ychydig flynyddoedd cyn y Rhyfel Byd Cyntaf rwyf wedi sefyll gyda'r chwith gwleidyddol, ac wedi gwrthsefyll traddodiadau ceidwadol cryf iawn. Protest oedd hon yn erbyn heteronomi gwleidyddol, yn yr un modd ag oedd fy mhrotest gynt yn erbyn heteronomi crefyddol wedi'm harwain i ochri gyda diwinyddiaeth ryddfrydol. Er gwaethaf fy meirniadaeth ddiweddarach ar ryddfrydiaeth economaidd, yr oedd ac y mae hi o hyd yn amhosibl i mi ymuno yn y dibrisio ar "feddylfryd rhyddfrydol" fel sydd yn llawer rhy gyffredin. Byddai'n well gennyf gael fy nghyhuddo o fod yn "rhyddfrydol" nag o ddiystyru'r egwyddor wych a gwirioneddol ddynol o awtonomi.

Er hynny, parhaodd y cwestiwn o rym gwleidyddol i fod yn bwysig mewn cyfnod pan oedd aduno gwerin wasgaredig cyfalafiaeth fodern yn un o'n problemau gwleidyddol pennaf. Trafodais y broblem hon yng nghyswllt digwyddiadau diweddar yn hanes yr Almaen yn y traethawd 'The Totalitarian State and Claims of the Church'[19]. Pwysleisiais ei bod yn anochel i'r lliaws gael eu llyncu gan awdurdodaeth pan waherddir iddynt unrhyw fodolaeth ystyrlon. Ceir sylwadau pwysig ar y broblem hefyd yn fy llyfr, *Masse und Geist* (Crynswth ac Ysbryd)[20], a gyhoeddwyd yn fuan wedi'r rhyfel. Yn y bennod, 'Crynswth a Phersonoliaeth' dadleuais mai dim ond grwpiau esoterig arbennig a ddylai ymdrechu am safle hunan-ewyllysiol. Yn fy marn i roedd y nerthoedd hanesyddol cyfoes (tebyg yw'r rhain i'r rhai oedd yn gweithio mewn hynafiaeth ddiweddar) yn gofyn am ffoedigaeth i awtonomi esoterig. Mae sut yn hollol i gyflawni'r ffoedigaeth hon heb aberthu gwirionedd a chyfiawnder yn ormodol yn broblem strategol i genedlaethau'r dyfodol. Fe fydd yn broblem wleidyddol a chrefyddol. Yr wyf yn benderfynol o sefyll ar y ffin rhwng awtonomi a heteronomi o ran egwyddor ac yn ymarferol. Bwriadaf aros ar y ffin hon hyd yn oed os ennill heteronomi y dydd yn y cyfnod hanesyddol sydd i ddod.

---

[19] 'The Totalitarian State and the Claims of the Church', *Social Research*, Efrog Newydd, I, Rhif 4, Tachwedd 1934

[20] *Masse und Geist: Studien zur Philosophie der Masse*, Berlin/Frankfurt a.M.: Verlag der Arbeitsgemeinschaft,1922

RHWNG DIWINYDDIAETH AC ATHRONIAETH

Mae sefyllfa'r ffin, yr hon sy'n sail i'r ffordd yr wyf yn ceisio esbonio fy mywyd a'm meddwl, i'w gweld ar ei mwyaf eglur o'r safle hwn. Ers blynyddoedd olaf fy addysg uwchradd roeddwn am fod yn athronydd. Defnyddiais bob awr rydd i ddarllen y llyfrau athronyddol a ddeuai drwy hap a damwain i'm llaw. Yng nghornel lychlyd silff lyfrau pregethwr gwledig darganfyddais *Geschichte der Philosophie* (Hanes Athroniaeth) gan Schwegler ac ar ben llond gambo o lyfrau ar stryd ym Merlin canfyddais *Wissenschaftslehre* (Theori Gwybodaeth) gan Fichte. Yn llawn cyffro bachgennaidd prynais *Beirniadaeth Rheswm Pur* gan Kant o siop lyfrau am y pris anferthol o hanner can ceiniog. Cyflwynodd y gweithiau mawr hyn, yn arbennig waith Fichte, agweddau mwyaf anodd athroniaeth Almaenig i mi. Roedd fy nhad yn arholwr athroniaeth y pwyllgor arholi myfyrwyr ar gyfer y weinidogaeth ac fe wnaeth fy nhrafodaethau gydag ef fy ngalluogi i ddechrau fy ngyrfa academaidd drwy gynnal sgyrsiau gyda myfyrwyr hŷn ac athrawon ifanc am ddelfrydiaeth a realaeth, rhyddid a rheidoliaeth, Duw a'r byd. Fy athro mewn athroniaeth oedd Fritz Medicus, athro athroniaeth yn Halle ac wedyn yn Zurich. Ei waith ef ar Fichte oedd yn gyfrifol am ailddarganfod athroniaeth Fichte ar ddechrau'r ganrif, gwaith a esgorodd yn y pen draw ar ddadeni cyffredinol o ddelfrydiaeth Almaenig. Yn rhannol am i mi ddigwydd prynu bargen o lyfr ac yn rhannol oherwydd cydweddiad mewnol â'i waith cefais fy nylanwadu gan Schelling. Darllenais ei weithiau casgledig sawl gwaith a nes ymlaen dewisais ei waith fel testun fy nhraethodau ar gyfer graddau doethor mewn athroniaeth a Licentiate mewn diwinyddiaeth. Cyhoeddwyd yr olaf o'r traethodau hyn fel llyfr, *Mystik und Schuldbewusstsein in Schellings philosophischer Entwicklung* (Cyfriniaeth ac Ymwybyddiaeth o Euogrwydd yn Natblygiad Athronyddol Schelling).

Yn ystod y cyfnod hwn astudiais hefyd ddiwinyddiaeth Brotestannaidd; ac ar ddiwedd fy efrydiaeth deuthum yn weinidog cynorthwyol mewn llawer o blwyfi'r Hen Eglwys Brwsiaidd. Y pwysicaf o'm hathrawon diwinyddol oedd Martin Kähler a Wilhelm Lütgert, y ddau ohonynt o Halle. Roedd Kähler yn ddyn o allu meddyliol a grym moesol a chrefyddol eithriadol. Fel athro ac ysgrifennwr roedd yn anodd ei ddeall. Mewn llawer o ffyrdd, ef oedd cynrychiolydd mwyaf arwyddocaol a modern diwinyddiaeth cyfryngdod y bedwaredd ganrif ar bymtheg. Yn wrthwynebwr i Albrecht Ritschl, pwysleisiodd Kähler yr athrawiaeth o gyfiawnhad ac roedd yn feirniad o'r ddelfrydiaeth a'r ddyneiddiaeth yr oedd yn ddisgynydd deallusol iddynt.

Rwyf yn ddyledus iddo yn bennaf am y mewnwelediad a gynigodd i mi ynghylch natur holl-gynhwysol y syniad Paulaidd-Lutheraidd o gyfiawnhad. Ar y naill law, mae athrawiaeth cyfiawnhad yn gwrthod pob hawl ddynol gerbron Duw a phob unoliaeth o Dduw a dyn. Ar y llaw arall, mae'n cyhoeddi fod y farnedigaeth baradocsaidd fod y pechadur yn gyfiawn gerbron Duw yn gorchfygu dieithrwydd bodolaeth ddynol, ei heuogrwydd a'i hanobaith. Ffurfiwyd fy Nghristoleg a'm syniadaeth gan y dehongliad o groeshoeliad Crist fel y digwyddiad hanesyddol lle daw'r feirniadaeth ddwyfol yn erbyn y byd yn sylweddol ac yn amlwg. Hawdd felly oedd i mi gysylltu fy niwinyddiaeth ag eiddo Karl Barth a derbyn y dadansoddiad o fodolaeth ddynol a roddwyd gan Kierkegaard a Heidegger. Eto roedd yn anodd onid yn amhosib i mi gysoni fy syniadau â syniadaeth ryddfrydol sy'n rhoi'r Iesu hanesyddol yn safle'r Crist croeshoeliedig ac yn hydoddi'r paradocs o gyfiawnhad yn gategorïau o foesoldeb.

Er gwaethaf fy agwedd negyddol tuag at syniadaeth ryddfrydol mae gennyf werthfawrogiad dwfn o'r hyn a gyflawnwyd yn hanesyddol gan y mudiad rhyddfrydol. Ymadewais â chwmni diwinyddion Halle yn fuan iawn oherwydd hyn, a darganfyddais fy hun yn cytuno llai a llai gyda'r neo-oruwchnaturiolaeth o eiddo Barth sy'n ceisio adfywio athrawiaethau'r Diwygiad Protestannaidd drwy hepgor gwaith gwyddonol y ddwy ganrif ddiwethaf. Trwy ddehongliad hanesyddol o'r Hen Destament, yr hyn a elwir yn fethodoleg y *Religionsgeschichtliche Schule* a ddatblygwyd gan Wellhausen a Gunkel, deuthum i ddeall arwyddocâd sylfaenol yr Hen Destament i Gristnogaeth ac i ddynolryw. Erys brwdfrydedd am yr Hen Destament gyda mi, ac oherwydd ei berthnasedd i'm safbwyntiau gwleidyddol mae wedi cael dylanwad pendant ar sut y ffurfiodd fy mywyd a'm meddwl.

Rwyf yn ddyledus i lyfr Schweitzer, *The Quest of the Historical Jesus* a *The Synoptic Tradition* o eiddo Bultmann am fy nealltwriaeth hanesyddol o'r Testament Newydd. Pan ddarllenais waith Ernst Troeltsch fe wneuthum ddiosg y mymryn olaf o ddiddordeb oedd gennyf yn niwinyddiaeth cyfryngiad a'i hapolegiaeth gan droi at hanes yr eglwys a'r broblem o feirniadaeth hanesyddol. Mae yna res o osodiadau a roddais gerbron ffrindiau yn 1911 sy'n brawf dogfennol o hyn. Gofynnais sut y dylid deall athrawiaeth Gristnogol pe bai'n debygol yn hanesyddol nad oedd yr Iesu hanesyddol erioed wedi bodoli, gan fynd ati wedyn i geisio ateb fy nghwestiwn fy hun. Hyd heddiw rwy'n mynnu codi'r cwestiwn hwn yn hytrach na dibynnu ar gyfaddawdu tebyg i'r hyn a welais y pryd hwnnw ac y mae Emil Brunner yn ei gynnig yn awr. Sail y gred Gristnogol yw'r ddelwedd Feiblaidd o Grist ac nid yr Iesu hanesyddol. Safon meddwl a gweithgarwch dyn yw'r darlun o Grist fel y mae wedi ei wreiddio yng nghred yr eglwys ac mewn profiad dynol ac nid yn strwythur ansicr ac artiffisial ymchwil hanesyddol. Gan i mi gymryd y safbwynt hwn fe'm gelwyd yn ddiwinydd radical yn yr Almaen tra bod yr Americanwyr yn fy ngalw'n olynydd Barth. Er gwaethaf hynny nid yw cytuno â pharadocs Barth, sef dirgelwch y cyfiawnhad, yr un peth â chytuno â'i oruwchnaturiolaeth; ac nid yw cytuno â'r hyn a wnaeth ddiwinyddiaeth ryddfrydol yn hanesyddol ac yn feirniadol yn golygu fy mod yn derbyn athrawiaeth ryddfrydol.

Llwyddais i gysoni athrawiaeth cyfiawnhad â beirniadaeth hanesyddol radical drwy ddatblygu dehongliad o'r syniad o gyfiawnhad sydd wedi bod o bwys mawr i mi'n bersonol ac yn broffesiynol. Defnyddiais athrawiaeth cyfiawnhad i ddehongli byd y meddwl dynol. Mae meddwl dyn ynghyd â gweithredoedd dynol yn sefyll o dan y 'Na' dwyfol. Ni all neb – boed gredadun neu eglwys – hawlio fod ganddo'r gwirionedd, yn yr un modd na all neb ymffrostio mai eiddo ef yw cariad. Phariseaeth feddyliol yw uniongrededd. Mae cyfiawnhad yr amheuwr yn cyfateb i gyfiawnhad y pechadur. Mae datguddiad yr un mor baradocsaidd â maddeuant pechodau. Ni all yr un ohonynt ddod yn wrthrych perchenogrwydd. Datblygais y syniadau hyn yn fy nhraethodau, 'Rechtfertigung und Zweifel' (Cyfiawnhad ac Amheuaeth)[21] a 'Die Idee der Offenbarung' (Y Syniad o Ddatguddiad) [22].

I waith Schelling, yn arbennig ei syniadau diweddarach, yr wyf yn ddyledus am gyplysu'r syniadau diwinyddol hyn â'm datblygiad athronyddol. Yn fy marn i roedd dehongliad athronyddol Schelling o athrawiaeth Gristnogol yn creu llwybr at uno diwinyddiaeth ac athroniaeth. Roedd ei ddatblygu ar athroniaeth Gristnogol bodolaeth yn symud i'r un cyfeiriad, gan wrthwynebu athroniaeth ddyneiddiol Hegel a'i ddehongliad o hanes fel *Heilsgeschichte*. Rhaid cyfaddef fy mod hyd yn oed heddiw yn canfod mwy o 'athroniaeth theonomig' yng ngwaith

---

[21] 'Rechtfertigung und Zweifel', *Vorträge der theologischen Konferenz zu Giessen*, 39. Folge, Giessen, Alfred Topelmann 1924
[22] 'Die Idee der Offenbarung', Zeitschrift für Theologie und Kirche, Tübingen, N.F., VIII, Rhif 6, 1927

Schelling nag yng ngwaith unrhyw un arall o'r delfrydwyr Almaenig. Eto ni fedrai hyd yn oed yntau uno diwinyddiaeth ac athroniaeth. Roedd y Rhyfel Byd Cyntaf yn hollol ddinistriol i ddelfrydiaeth yn gyffredinol. A chafodd y drychineb hon effaith ar waith Schelling hefyd. Roedd yr agendor yr oedd wedi ei chanfod a'i gorchuddio wedi ymagor o'r newydd. Dangosodd y pedair blynedd honno i mi ac i'm cenhedlaeth gyfan bwll diwaelod ym modolaeth ddynol na ellir ei anwybyddu. Os ceir aduniad o athroniaeth a diwinyddiaeth byth, bydd ond yn bosib drwy synthesis sy'n gwneud cyfiawnder â'r profiad hwn o'r agendor hon yn ein bywydau. Mae fy athroniaeth crefydd yn ymgais i ateb y galw hwn. Mae'n aros yn ymwybodol ar y ffin rhwng athroniaeth a diwinyddiaeth ac yn gofalu rhag colli'r naill yn y llall. Ceisia fynegi'r profiad o'r agendor mewn syniadau athronyddol a'r syniad o gyfiawnhad fel cyfyngiad ar athroniaeth. Mae darlith a draddodais i Gymdeithas Kant ym Merlin, 'Die Überwindung des Religionsbegriff in der Religionsphilosophie'[23] (Y Dilead o'r Syniad o Grefydd yn Athroniaeth Crefydd) yn adlewyrchu'r ymgais baradocsaidd hon, hyd yn oed yn ei theitl.

---

[23] 'Die Überwindung des Religionsbegriffs in der Religionsphilosophie', *Kant-Studien*, Berlin, XXVII, Rhif 3/4, 1922

Mae athroniaeth crefydd, fodd bynnag, wedi ei mowldio gan syniadau athronyddol yn ogystal â realiti grefyddol. Datblygodd fy safbwynt athronyddol i drwy ddeialog feirniadol â neo-Kantiaeth, athroniaeth gwerth a ffenomenoleg. Derbyniais yr hyn oedd yn nodweddu'r tri, sef gwrthodiad o bositifiaeth, ac yn arbennig y fantell seicolegol y mae positifiaeth yn ei gwisgo yn athroniaeth crefydd. Cadarnhawyd yr hyn yr oeddwn eisoes wedi ei ddysgu gan Kant a Fichte yn 'Logische Untersuchungen' (Ymholiadau Rhesymegol) gan Husserl lle ceir ymwrthod pendant â seicolegiaeth. Ond ni fedrwn lynu at unrhyw un o'r tri safbwynt. Oherwydd ei ysfa am resymeg ym mhobman nid oedd i neo-Kantiaeth y profiad o'r agendor na'r paradocs. Ni allem dderbyn yr athroniaeth gwerth am ei bod yn rhy agos i neo-Kantiaeth ac am ei bod yn ceisio dehongli crefydd fel byd o werth. Mae'n diystyru'r trosgynoldeb o werthoedd sy'n gysylltiedig â'r profiad o'r agendor. Mae ffenomenoleg yn amddifad o elfen ddeinamig ac yn hyrwyddo tueddiadau Catholig-geidwadol, fel y gellir gweld ym mywgraffiadau'r mwyafrif o'i lladmeryddion.

Ni ddarllenais Nietzsche nes fy mod yn ddeg ar hugain, ond fe wnaeth argraff anferth arnaf. Mae bywydaeth Nietzsche yn mynegi'r profiad o'r agendor yn fwy eglur nag y mae neo-Kantiaeth, athroniaeth gwerth na ffenomenoleg. Golygodd y cadarnhau gorfoleddus ar fodolaeth a oedd mor gyffredin wedi'r rhyfel, fel adwaith i flynyddoedd marwolaeth a newyn y cyfnod, fod datganiad Nietzsche o fywyd yn boblogaidd iawn. Gan ei fod, o leiaf yn rhannol, wedi ei seilio'n hanesyddol yn syniadaeth Schelling, roedd yn hawdd iawn i mi ei dderbyn. Fe allwn fod wedi datblygu fy athroniaeth ar hyd y llinellau hyn, gan gynnwys elfennau paganaidd yn hytrach na motiffau Iddewig a Chatholig; ond fe wnaeth y profiad o'r chwyldro Almaenig yn 1918 ailgyfeirio fy meddyliau tuag at athroniaeth hanesyddol oedd yn seiliedig ar gymdeithaseg ac a oedd yn wleidyddol ei natur. Roedd fy astudiaeth o Troeltsch eisoes wedi paratoi'r ffordd ar gyfer y newid cyfeiriad hwn. Yr wyf yn cofio'n dda'r datganiad a wnaeth yn ystod ei ddarlith gyntaf ar athroniaeth hanes ym Merlin pan hawliodd mai hon oedd y drafodaeth athronyddol gyntaf o'r testun hwn ym Mhrifysgol Berlin oddi ar farwolaeth Hegel. Er i mi gytuno ag ef ynglŷn â'r problemau cysylltiedig, ymwrthodais â'i ddechreubwynt delfrydaidd. Roedd delfrydiaeth Troeltsch yn ei gwneud yn amhosibl iddo i oresgyn yr hyn a alwai'n hanesyddiaeth – rhywbeth yr oedd yn ymladd yn ei erbyn. Roedd goresgyn hanesyddiaeth yn galw am genhedlaeth oedd wedi cael ei gorfodi i wneud penderfyniadau hanesyddol sylfaenol. Yn wyneb yr angenrheidrwydd o ymrafael â hanes yn iawn – gofyniad sydd wedi ei wreiddio yn y paradocs Cristnogol ac wedi ei gyfyngu ganddo – ceisiais ddatblygu athroniaeth hanesyddol a allai hefyd fod yn athroniaeth sosialaeth grefyddol.

Rhaid i unrhyw un sy'n sefyll ar y ffin rhwng diwinyddiaeth ac athroniaeth ddatblygu syniad clir o'r berthynas resymegol rhyngddynt. Ceisiais wneud hyn yn fy llyfr, *Das System der Wissenschaften* (System y Gwyddorau)[24]. Fy niddordeb pennaf yno oedd y cwestiynau canlynol: Sut y gall diwinyddiaeth fod yn wyddor yn yr ystyr *Wissenschaft*? Beth yw perthynas ei gwahanol ddisgyblaethau â gwyddorau eraill? Beth sy'n arbennig am ei method?

Atebais drwy labelu'r holl ddisgyblaethau methodolegol yn wyddorau meddwl, bod a diwylliant; drwy ddadlau mai athroniaeth ystyr (*Sinnphilosophie*) yw sail yr holl system o wyddorau; drwy ddiffinio metaffiseg fel yr ymgais i fynegi'r Diamod yn nhermau rhesymeg; a diffinio diwinyddiaeth fel metaffiseg theonomig. Yn y modd hwn

---

[24] *Das System der Wissenschaften nach Gegenständen und Methoden. Ein Entwurf,* Göttingen, Vandenhoeck & Ruprecht, 1923

ceisiais ennill lle i ddiwinyddiaeth o fewn cyfanfyd gwybodaeth ddynol. Mae llwyddiant y dadansoddiad hwn yn rhagdybio fod rhaid cydnabod natur theonomig gwybodaeth ei hun; hynny yw, rhaid inni ddeall fod meddwl ei hun wedi ei wreiddio yn yr Absoliwt sy'n sail i ystyr ac yn sail i ddyfnder ystyr. Gwrthrych echblyg diwinyddiaeth yw'r hyn y rhagdybir ei fod yn sail ymhlyg ym mhob gwybodaeth. Felly mae diwinyddiaeth ac athroniaeth, crefydd a gwybodaeth yn cynnwys y naill a'r llall. Yng ngoleuni safbwynt y ffin, dyma eu perthynas wironeddol.

Pan gyflwynwyd athroniaeth ddirfodol i'r Almaen, deuthum i ddealltwriaeth newydd am y berthynas rhwng diwinyddiaeth ac athroniaeth. Rhan bwysig o hyn oedd darlithiau Heidegger ym Marburg, cyhoeddi *Sein und Zeit* (Bod ac Amser), ac hefyd ei ddehongliad o Kant. Boed i ddilynwyr athroniaeth ddirfodol neu i'w gwrthwynebwyr, mae gwaith Heidegger yn bwysicach nag unrhywbeth ers gwaith Husserl, *Logische Untersuchungen* (Ymchwiliadau Rhesymegol). Paratowyd y tir i mi dderbyn athroniaeth ddirfodol gan dri ffactor. Y cyntaf oedd fy ngwybodaeth fanwl o gyfnod olaf gwaith Schelling, lle amlinellodd ei athroniaeth bodolaeth wrth ymateb i athroniaeth hanfod Hegel. Yr ail oedd fy ngwybodaeth, er mor fylchog ydoedd, o Kierkegaard, gwir sylfaenydd athroniaeth ddirfodol. Y ffactor olaf oedd fy mrwdfrydedd tuag at "athroniaeth bywyd" Nietzsche. Mae'r tair elfen hon yn bresennol hefyd yn Heidegger. Mae eu huniad i greu rhyw fath o gyfriniaeth â blas Awstin arni yn gyfrifol am pa mor atyniadol yw athroniaeth Heidegger. Gwelir llawer o'i iaith yn llenyddiaeth bregethwrol Pietistiaeth yr Almaen. Goblygiad a datblygiad ei ddealltwriaeth o fodolaeth ddynol – hyd yn oed os nad dyna'i fwriad – yw athrawiaeth bodolaeth ddynol a meidroldeb. Mor agos ydyw i'r dehongliad Cristnogol o fodolaeth ddynol nes bod yn rhaid ei disgrifio fel "athroniaeth Theonomig", er gwaethaf anffyddiaeth benderfynol Heidegger. Mae'n wir nad yw'n athroniaeth sy'n rhagdybio'r ateb diwinyddol i feidroldeb dyn ac wedyn yn ei esbonio mewn termau athronyddol. Math arall o ddelfrydiaeth fyddai hyn ac yn hollol groes i athroniaeth bodolaeth. Gofyn cwestiwn mewn ffordd newydd a gwreiddiol y mae athroniaeth ddirfodol, cwestiwn y mae ei ateb i'w ganfod yn niwinyddiaeth ffydd.

Datblygwyd y syniadau hyn yn fy narlithoedd ym Mhrifysgol Yale ac fe'm harweinwyd i wneud gwahaniaeth mwy pendant rhwng diwinyddiaeth ac athroniaeth. Eto nid wyf byth wedi gwadu eu cyd-berthynas.

Ar y ffin rhwng y ddwy ddisgyblaeth y bu fy ngyrfa broffesiynol hefyd. Cefais fy ngraddau Doethor mewn Athroniaeth o Breslau, a Licentiate mewn Diwinyddiaeth ac wedyn Doethor mewn Diwinyddiaeth (honoris causa) yn Halle; roeddwn yn ddarlithydd mewn Diwinyddiaeth ym Merlin, yn Athro Gwyddor Crefydd yn Dresden ac yn Athro Er Anrhydedd mewn Diwinyddiaeth yn Leipzig, yn Athro Ordianarius mewn Athroniaeth yn Frankfurt-am-Mein, ac yn Athro Ymwelydd mewn Diwinyddiaeth Athronyddol yn yr Union Theological Seminary, Efrog Newydd. Newidiwn gyfadrannau yn gyson ond eto doedd dim newid ar y testun! Fel diwinydd rwyf wedi ceisio parhau'n athronydd ac i'r gwrthwyneb. Buasai wedi bod yn llawer haws gadael y ffin a dewis y naill ddisgyblaeth neu'r llall. Oddi mewn nid oedd y fath beth yn bosib i mi. Yn ffodus, cyfatebodd cyfleoedd allanol â'm tueddiadau mewnol.

RHWNG
EGLWYS A CHYMDEITHAS

Er i mi fod yn feirniad cyson ar athrawiaeth ac ymarfer Eglwysig, mae'r Eglwys wedi bod yn gartref i mi erioed. Daeth hyn yn amlwg iawn i mi pan ddechreuodd syniadau neo-baganaidd gael eu cyflwyno iddi ac yr oeddwn yn ofni y buaswn yn colli fy nghartref crefyddol ynghyd â'm cartref gwleidyddol. Gwnaeth y perygl hwn fi'n ymwybodol o'r ffaith fy mod yn perthyn i'r Eglwys. Fe dyfodd y teimlad hwn allan o brofiadau fy mlynyddoedd cynnar a dylanwad Cristnogol cartref gweinidog Protestannaidd ac arferion crefyddol cymharol ddi-dor dinas fach yn yr Almaen yn ystod blynyddoedd olaf y bedwaredd ganrif ar bymtheg. Fy nghariad at adeiladau eglwysig a'u hawyrgylch cyfrin, at litwrgi a miwsig a phregethau, a'r gwyliau mawr Cristnogol a ffurfiai fywyd y dref am ddiwrnodau neu hyd yn oed wythnosau o'r flwyddyn – gadawodd y cyfan hwn deimlad annileadwy ynof tuag at bethau eglwysig a sacramentaidd. Hefyd, rhaid cofio am ddirgeleddau athrawiaeth Gristnogol a'u dylanwad ar fywyd mewnol plentyn, iaith yr Ysgrythurau, a'r profiadau cynhyrfus o sancteiddrwydd, euogrwydd a maddeuant. Roedd y cyfan oll yn rhan bwysig o'm penderfyniad i fod yn ddiwinydd ac i barhau i fod yn ddiwinydd. Yr ymwybyddiaeth hon o'r ffaith fy mod yn perthyn y tu fewn i'r Eglwys oedd cychwyn fy ordeiniad, fy ngwaith bugeiliol, fy niddordeb mewn pregethau a litwrgi, a barodd ymhell ar ôl i mi symud i amgylchfyd ysgolheigaidd.

Ac eto yma hefyd roeddwn ar y ffin. Wrth feirniadu athrawiaethau ac ordeniadau'r Eglwys roeddwn yn teimlo rhyw ddieithrwch. Yn y cyswllt hwn roedd fy nghyfathrach â'r deallusion ac â'r proletariat yn hollbwysig. Dim ond yn ddiweddarach, wedi i mi orffen fy astudiaethau diwinyddol, y deuthum i gyfarfod â deallusion y tu allan i'r Eglwys. Yn gyson â'm safbwynt o fod ar y ffin roedd fy agwedd braidd yn amddiffynnol. Golyga'r fath amddiffyniad warchod eich hun yn erbyn gwrthwynebydd sy'n rhannu rhyw fath o safon cyffredin. Pan oedd apolegwyr yr Eglwys hynafol yn cyfiawnhau eu hunain yn wyneb paganiaeth ymosodol, yr hyn a dderbyniwyd fel safon gyffredin oedd y Logos – rhesymeg ddamcaniaethol ac ymarferol. Am fod yr apolegwyr yn gwneud Crist yn gyfystyr â'r Logos a'r gorchmynion yn gyfystyr â deddf resymol natur, gallent ddadlau achos athrawiaeth ac ymarferiad Cristnogol gerbron eu gwrthwynebwyr paganaidd. Yn ein dydd ni, nid yw apolegiaeth yn golygu codi egwyddor newydd mewn gwrthwynebiad i'r safbwyntiau meddyliol a moesol sy'n bod. Ei gwaith yw amddiffyn yr egwyddor Gristnogol yn erbyn y safbwyntiau cystadleuol sy'n brigo i'r wyneb. Y cwestiwn hollbwysig i apolegiaeth hynafol a modern yw beth yw'r safon cyffredin, y llys barn lle penderfynir y ddadl.

Yn fy ymchwil ynghylch y safon cyffredin hwn fe ddarganfyddais fod tueddiadau meddyliol modern sydd â'u gwreiddiau yng nghyfnod yr Oleuedigaeth yn Gristnogol ar y cyfan, er gwaethaf eu hagwedd feirniadol tuag at Gristnogaeth eglwysig. Nid ydynt yn baganaidd, er eu bod yn cael eu galw felly'n aml. Dim ond ar ôl y Rhyfel Byd Cyntaf yr ymddangosodd paganiaeth, yn benodol yn ei ffurf genedlaetholgar, pan ddinistriwyd dyneiddiaeth Gristnogol. Nid oes apolegiaeth o unrhyw fath yn wyneb y math hwn o baganiaeth. Parhad neu ddifodiant yw'r unig gwestiwn. Yr un yw'r ymdrech hon â'r ymdrech y mae monotheistiaeth broffwydol wedi ei gwneud yn erbyn amldduwiaeth gythreulig. Roedd apolegiaeth yn bosibl yn yr hen fyd oblegid roedd dyneiddiaeth wedi treiddio'n ddwfn i amldduwiaeth, ac mewn dyneiddiaeth cafwyd safon gyffredin rhwng Cristnogaeth a'r hen fyd. Ond yn wahanol i'r hen fyd lle'r oedd apolegiaeth yn wynebu dyneiddiaeth a oedd yn hanfodol baganaidd, y peth nodweddol am apolegiaeth fodern yw ei bod yn wynebu dyneiddiaeth sy'n hanfodol Gristnogol. Fe ymdriniais â'r broblem hon yn fy ysgrif 'Lessing und die Idee der Erziehung des Menschengeschlechts' (Lessing a'r syniad o Addysg y Ddynoliaeth)[25]. Gyda golwg ar y safbwynt hwn traddodais ddarlithiau a thrafodaethau mewn llawer cartref ym Merlin. Crynhowyd canlyniadau'r cyfarfodydd hyn mewn adroddiad i bwyllgor llywodraethu'r Eglwys Efengylaidd; canlyniad diweddarach y weithred hon oedd sefydlu comisiwn ar apolegiaeth yn y genhadaeth gartrefol.

Dim ond wedi'r rhyfel y sylweddolais yn iawn realiti a natur y ddyneiddiaeth hon. Drwy fy nghysylltiad â'r mudiad Llafur, gyda'r lluoedd a adweinid fel pobl heb Gristnogaeth, gwelais yn glir fod yma, oddi fewn i fframwaith dyneiddiol, sylfaen Gristnogol yn guddiedig – a hynny er bod y ddyneiddiaeth hon yn edrych yn debyg i athroniaeth fateroliaethol a oedd wedi ei gwrthod gan gelfyddyd a gwyddoniaeth. Mwy nag erioed roedd angen neges apolegol i'r lluoedd ac roedd hyn yn fwy anodd na

---

[25] *Religiöse Verwirklichung*, Berlin, Furche, 1929

siarad â'r deallusion oblegid y tu ôl i wrthwynebiad y naill i grefydd yr oedd gelyniaeth dosbarth. Heb ystyried yr elyniaeth ddosbarth roedd pob ymdrech ar ran yr Eglwys i ffurfio neges apolegol yn fethiant o'r dechrau. Os am amddiffyn Cristnogaeth roedd yn rhaid cyfranogi'n weithredol o'r ymgyrch ddosbarth. Dim ond sosialaeth grefyddol allai gario'r neges apolegol i'r lliaws proletaraidd. Nid 'cenhadaeth fewnol' ond sosialaeth grefyddol yw'r ffurf angenrheidiol o weithgarwch Cristnogol ac apolegiaeth ymhlith y dosbarthiadau gweithiol. Methodd yr Eglwys ddeall pwysigrwydd anuniongyrchol sosialaeth grefyddol i'w gwaith am fod agweddau gwleidyddol sosialaeth grefyddol yn aml wedi cuddio ei helfennau apolegol. Deallodd sosialwyr eu hunain hyn yn llawer gwell, ac yn aml mynegwyd i mi yr ofn y buasai sosialaeth grefyddol yn dwyn y lluoedd o dan ddylanwad yr Eglwys ac y byddent felly'n cael eu dieithrio o'r ymdrech i gael gwladwriaeth sosialaidd.

Gwrthododd yr Eglwys sosialaeth grefyddol oblegid roedd yn rhaid i'r mudiad naill ai roi heibio symbolau a syniadau traddodiadol meddylfryd ac ymarfer eglwysig neu eu defnyddio yn unig wedi sefydlu digon o gynsail iddi. Pe buasent wedi cael eu defnyddio'n ddiwahân buasent wedi cael eu gwrthod gan y lluoedd ar unwaith. Y broblem i sosialaeth grefyddol oedd dangos mai'r un oedd yr hanfod a oedd yn oblygedig yn nyneiddiaeth Gristnogol y Mudiad Llafur â hanfod ffurfiau sagrafennol cwbl wahanol yr Eglwys. Rhannwyd y ddealltwriaeth hon o ddyneiddiaeth Gristnogol gan nifer o ddiwinyddion ifanc: roeddent yn derbyn swyddi lleyg, yn arbennig mewn gwasanaethau cymunedol yn union er mwyn cael dylanwad crefyddol ar y rhai na allai unrhyw swyddog eglwysig ddylanwadu arnynt. Yn anffodus, dim ond i ychydig y rhoddwyd y fath gyfle. A chan nad oedd problemau'r "eglwys a chymdeithas ddyneiddiol" a'r "eglwys a'r lluoedd" wedi bod o ddiddordeb i'r diwinyddion ieuengaf o'r ysgol Barthaidd, ni wnaeth yr eglwys fyth lanw'r bwlch hwn. O ganlyniad daeth cymdeithas wahanedig yn ysglyfaeth i dueddiadau neo-baganaidd. Bu'n rhaid i'r Eglwys ymladd yn erbyn y tueddiadau hyn ac oherwydd hynny ymddangos yn fwy gwrth-ddyneiddiol. Suddodd y lluoedd yn ôl i gyflwr o oddefolrwydd crefyddol. Er bod y deallusion wedi edmygu'r Eglwys am ei safiad yn erbyn paganiaeth genedlaetholgar nid oeddent yn cael eu denu iddi. Ni allasai'r dogma yr oedd yr Eglwys yn ei amddiffyn apelio atynt. Er mwyn cyrraedd y grŵp hwn buasai'n rhaid i'r Eglwys ddatgan yr efengyl mewn iaith sy'n ddealladwy i ddyneiddiaeth aneglwysig. Buasai'n rhaid iddi argyhoeddi'r deallusion a'r lluoedd fel ei gilydd fod yr efengyl yn berthnasol iddynt. Ond ni allasai'r argyhoeddiad hwn gael ei fynegi gan y paradocsau sy'n bresennol mewn diwinyddiaeth gyffesol sy'n amlwg wrthddyneiddiol. Rhaid fuasai yn gyntaf oleuo'r realiti sy'n achosi'r fath baradocsau. Eto nid yw diwinyddion fel Brunner a Gogarten yn ceisio'r fath oleuni. Maent yn bwydo ar ddyneiddiaeth drwy ei gwadu, oblegid bod eu disgrifiadau o sylwedd gadarnhaol yr efengyl Gristnogol wedi'u ffurfio gan ddefnyddio, ac ar yr un pryd wadu, yr hyn y maent yn ei wrthwynebu.

Fe gyfyd problemau dwys pryd bynnag fod cwestiwn iaith yr efengyl Gristnogol yn cael ei gymryd o ddifrif, fel y gwnaed gan y *Neuwerkkreis* ac yn y cylchgrawn o'r un enw a olygwyd gan fy hen gyfaill a'm cydymaith yn yr ymdrech hon, Hermann Schafft. Yn bendant ni ellir disodli terminoleg grefyddol wreiddiol yr Ysgrythurau a litwrgïau yr Eglwys hynafol. Fel y dywedodd Martin Buber wrthyf un tro, y mae gan ddynoliaeth eiriau crefyddol cynddelwaidd. Ond collodd y geiriau cynddelwaidd hyn eu grym gwreiddiol oherwydd ein ffyrdd gwrthrychol o feddwl ac yn sgil ein dealltwriaeth wyddonol o'r byd. Mae beirniadaeth resymegol yn wan yng ngoleuni ystyr y gair cynddelwaidd 'Duw'; ond annuwiaeth yw'r ymateb cywir i fodolaeth 'wrthrychol' Duw fel sy'n nodweddu syniadaeth lythrennol. Daw sefyllfa anobeithiol pan fo siaradwr yn defnyddio gair yn ei ystyr symbolaidd gwreiddiol ond y gwrandäwr yn ei ddeall yn ei ystyr gwyddonol cyfoes. Dyna paham y cynigais unwaith, er mwyn pryfocio, y dylai'r eglwys roi moratoriwm o ddeng mlynedd ar hugain ar ei holl iaith gynddelwaidd. Pe digwyddai hyn, fel yn wir sydd wedi digwydd weithiau, byddai'n rhaid i'r eglwys ddatblygu terminoleg newydd. Ond methiant truenus fu pob ymdrech hyd yma i gyfieithu hen iaith litwrgïau ac Ysgrythur i ieithwedd gyfoes. Maent yn amddifad o ystyr yn hytrach nag yn greadigaethau newydd. Mae hyd yn oed defnyddio terminoleg y cyfrinwyr, yn arbennig mewn pregethau – fel rwyf wedi ei wneud ambell waith – yn beryglus. Mae'r geiriau hyn yn mynegi sylwedd gwahanol, sylwedd nad yw'n cynnwys sylwedd cyflawn yr efengyl Gristnogol. Yr unig ateb yw defnyddio'r geiriau cynddelwaidd crefyddol ac ar yr un pryd wneud eu hystyr gwreiddiol yn amlwg drwy ymwared â'u defnydd llygredig. Mae'n rhaid i ddyn sefyll rhwng y derminoleg hynafol a'r un gyfoes er mwyn, gan sefyll ar y ffin, ailddarganfod yr iaith gynddelwaidd wreiddiol. Mae nifer o beryglon presennol cymdeithas wedi gyrru nifer i'r ffin hon lle mae iaith crefydd i'w chlywed unwaith eto yn ei hystyr gwreiddiol. Buasai'n drasiedi pe byddai uniongrededd dall a balch yn meddiannu'r geiriau hyn yn gyfan gwbl ac felly'n dychryn i ffwrdd y rhai sy'n effro i realiti grefyddol, naill ai drwy eu gwthio i mewn i ryw ffurf fodern ar baganiaeth neu eu gyrru'n derfynol allan o'r Eglwys.

Arweiniodd problem Eglwys a Chymdeithas imi wahaniaethu rhwng yr eglwys 'amlwg' a'r un 'guddiedig' mewn traethawd â'r teitl 'Kirche und humanistische Gesellschaft' (Eglwys a Chymdeithas Ddyneiddiol) [26]. Nid yr hen wahaniaeth Protestannaidd rhwng yr eglwys weladwy ac anweladwy oedd hyn am ei fod yn cyfeirio at ddeuoliaeth o fewn eglwysi gweladwy. Mae'r math o wahaniaethu ag a awgrymais yn y traethawd hwnnw yn angenrheidiol er mwyn cydnabod y ddyneiddiaeth Gristnogol sy'n bodoli y tu allan i'r eglwysi. Ni allwn alw'r rhai sydd wedi cael eu dieithrio oddi wrth enwadau ffurfiol a chredoau traddodiadol yn 'ddi-eglwys'. Trwy fyw ymhlith y grwpiau hyn am hanner cenhedlaeth dysgais gymaint o'r Eglwys guddiedig sy'n bodoli yn eu plith. Cefais y profiad o natur feidrol bodolaeth ddynol, y chwilio am y tragwyddol a'r diamod, ymrwymiad absoliwt i gyfiawnder a chariad, gobaith sy'n bodoli y tu hwnt i unrhyw Iwtopia,

---

[26] 'Kirche und humanistische Gesellschaft', *Neuwerk (Kassel)*, XIII, Rhif 1, (Ebrill–Mai 1931)

gwerthfawrogiad o werthoedd Cristnogol a chydnabyddiaeth hydeiml o gamddefnydd ideolegol o Gristnogaeth yn y dehongliad o'r Eglwys a'r Wladwriaeth. Yn aml mae'n ymddangos i mi fod yr "eglwys guddiedig", fel y galwaf yr hyn a ddarganfyddais ymhlith y grwpiau hyn, yn eglwys fwy gwir na'r enwadau ffurfiol, pe bai ond am nad yw ei haelodau yn hawlio fod ganddynt y gwirionedd. Er hynny, dengys y blynyddoedd diweddar mai dim ond yr eglwys ffurfiol sydd â'r gallu i gynnal y gwrthsafiad yn erbyn yr ymosodiadau paganaidd ar Gristnogaeth. Nid oes gan yr eglwys guddiedig naill ai yr arfau crefyddol na threfniadol sy'n angenrheidiol i'r frwydr honno. Ond mae hefyd yn wir fod defnyddio'r arfau hyn yn yr eglwys amlwg yn bygwth dyfnhau'r bwlch rhwng Eglwys a Chymdeithas. Mae'r syniad o'r Eglwys guddiedig yn un â'r syniad o'r ffin lle mae aneirif Brotestaniaid wedi'u tynghedu i sefyll heddiw.

RHWNG
CREFYDD A DIWYLLIANT

Meddyliwch am berson sydd wedi ei gyffroi gan frithweithiau Ravenna, paentiadau nenfydau y Capel Sistine neu bortreadau Rembrandt. Pe buasech yn gofyn iddo ai crefyddol neu ddiwylliannol oedd ei brofiad buasai'n cael anhawster ateb y cwestiwn. Gwir efallai fyddai dweud fod y profiad yn ddiwylliannol yn ei ffurf ac yn grefyddol yn ei ansawdd. Mae'n ddiwylliannol oblegid nad yw'n gysylltiedig ag unrhyw weithred ddefodol; ond mae'n grefyddol am ei fod yn cyffwrdd â'r cwestiwn o'r Absoliwt a therfynau bodolaeth ddynol. Mae hyn yr un mor wir am gerddoriaeth, barddoniaeth, athroniaeth a gwyddoniaeth ag y mae am baentiadau. Ac y mae beth bynnag sy'n wir yn y fath ddirnadaeth a dealltwriaeth o'r byd yn parhau'n wir yn y byd ymarferol o drefnu cyfreithiau ac arferion, ym myd moesoldeb ac addysg, ac ym mydoedd cymuned a gwladwriaeth. Mae diwylliant yn grefyddol pa le bynnag fo bodolaeth ddynol yn wynebu cwestiynau tynghedol ac felly yn cael ei throsgynnu, a pha le bynnag fo ystyr diamod yn dod i'r golwg mewn gweithiau ond yn amodol o ran eu hystyr eu hunain. Deuthum i'r ffin rhwng crefydd a diwylliant drwy brofi natur hanfodol grefyddol diwylliant ac nid wyf wedi ei gadael byth. Prif destun fy athroniaeth crefydd yw'r agweddau damcaniaethol o'r ffin hon.

Rhaid diffinio'r cysylltiad rhwng crefydd a diwylliant o'r ddwy ochr i'r ffin hon. Ni all crefydd ollwng yr hawl absoliwt, ac felly'r hawl gyffredinol a fynegir yn y syniad o Dduw. Ni all ganiatáu fod yn faes arbennig o fewn diwylliant nac ychwaith gymryd safle wrth ymyl diwylliant. Tuedda rhyddfrydiaeth ystyried crefydd yn un o'r ddwy ffordd hon. Yn y naill achos neu'r llall daw crefydd yn afraid ac felly mae'n gorfod diflannu am fod strwythur diwylliant yn gyfan ac yn hunangynhwysol heb grefydd. Ac eto mae'n wir fod gan ddiwylliant ryw hawl ar grefydd na all ei hildio heb hefyd ildio ei awtonomi ac felly ei hunan. Rhaid iddo benderfynu'r ffurfiau y bydd pob ansawdd, gan gynnwys yr ansawdd 'absoliwt', yn mynegi ei hun drwyddynt. Ni all diwylliant ganiatáu fod gwirionedd a chyfiawnder yn cael eu haberthu yn enw'r absoliwt crefyddol. Os sylwedd diwylliant yw crefydd, felly hefyd diwylliant yw ffurf crefydd. Ond rhaid nodi un gwahaniaeth: mae crefydd yn ceisio'r sylwedd sy'n sail diamodol i ystyr a'i agendor, a symbolau o'r sylwedd hwn yw ffurfiau diwylliannol. Ceisio'r ffurf mae diwylliant, gan gynrychioli ystyr amodol. Dim ond yn anuniongyrchol drwy gyfrwng y ffurf hunan-amodol a rydd diwylliant y gellir cael cipolwg ar y sylwedd sy'n cynrychioli'r ystyr diamodol. Mynegiant uchaf diwylliant yw'r man lle mae bodolaeth ddynol yn cael ei deall yn ei meidroldeb a'i hymchwil tuag at y Diderfyn o fewn fframwaith ffurf sy'n gyfan ac yn hunan-amodol. I'r gwrthwyneb, rhaid i grefydd yn ei mynegiant uchaf gynnwys y ffurf hunan-amodol, y Logos, fel y'i gelwid gan yr eglwys hynafol, oddi fewn i'w hunan.

Dyma'r syniadau a ffurfiodd sylfaen fy athroniaeth crefydd a diwylliant ac a ddarparodd fframwaith ar gyfer trin hanes diwylliant o safbwynt crefyddol. Dyma'r rheswm pam y mae fy llyfr *The Religious Situation*[27] yn ymwneud â holl gylch y mudiadau meddyliol a chymdeithasol o'r gorffennol agos, tra bod cwestiynau crefyddol, yn yr ystyr cul, yn cael llai o sylw. Nid oes gennyf unrhyw amheuaeth mai dyma'r agwedd sy'n cyfateb i'r sefyllfa grefyddol bresennol. Mae diddordebau gwleidyddol a chymdeithasol wedi llyncu nerth crefydd i'r fath raddau nes bod delf-

---

[27] *The Religious Situation*, Efrog Newydd, Henry Holt, 1932

rydau crefyddol a gwleidyddol yn gyfystyr ym meddwl llawer o Ewropeaid ac Americanwyr. Yn aml iawn mae mythau'r genedl a chyfiawnder cymdeithasol yn disodli athrawiaeth Gristnogol ac wedi cael effeithiau y gellir ond eu disgrifio fel rhai crefyddol er eu bod i'w gweld mewn ffurfiau diwylliannol. Ceisiais ystyried cwrs hanes diweddar yn y braslun o ddadansoddiad diwinyddol o ddiwylliant a ddatblygais yn fy narlith 'Über die Idee einer Theologie der Kultur' (Am y Syniad o Ddiwinyddiaeth Diwylliant)[28].

Amlinellais oblygiadau diwinyddol y syniadau hyn mewn erthygl sy'n ymdrin â pherthynas Protestaniaeth a Seciwlariaeth. Ynddi dadleuais os oes i Brotestaniaeth unrhyw angerdd pendant mai'r awydd am yr 'anghysegredig' ydyw. Mae'r fath syniad yn gwrthod mewn egwyddor y gwahaniaethu Catholig rhwng y sanctaidd a'r anghysegredig. Ym mhresenoldeb y Diamodol (Mawredd Duw yn iaith draddodiadol Cristnogaeth) nid yw'r un cylch yn well na'r llall. Nid oes yr un person, ysgrythur, cymdeithas, sefydliad neu weithred yn sanctaidd ynddo'i hunan ac nid yw'r un o'r cyfryw yn anghysygredig ynddo'i hunan chwaith. Gall yr

---

[28] 'Über die Idee einer Theologie der Kultur', *Religionsphilosophie der Kultur*, Berlin, Reuther & Reichard, 1919

anghysygredig honni safon o sancteiddrwydd, ac nid yw'r sanctaidd yn peidio â bod yn anghysygredig. Mae'r offeiriad yn lleygwr ac fe all y lleygwr ddod yn offeiriad unrhyw bryd. I mi nid dim ond egwyddor ddiwinyddol yw hon; mae'n safbwynt yr wyf wedi ceisio ei gynnal yn broffesiynol a phersonol. Fel clerigwr a diwinydd ni allaf fod yn unrhyw beth heblaw lleygwr ac athronydd sy'n ceisio dweud rhywbeth am derfynau bodolaeth ddynol. Nid oes gennyf ychwaith unrhyw fwriad cuddio fy ymdrechion diwinyddol. I'r gwrthwyneb, dangosais hwy, er enghraifft, yn fy ngyrfa fel athro athroniaeth lle buasai wedi bod yn hawdd iawn i mi eu celu. Ond nid oeddwn am ddatblygu arfer o ddiwinydda a fuasai'n fy ngwahanu oddi wrth fywyd anghysygredig ac felly'n ennill imi y label o'r 'crefyddol'. Credaf fod natur ddiamod crefydd yn llawer mwy amlwg os bydd yn torri drwodd o galon y seciwlar, gan ei rwygo a'i drawsnewid. Yn yr un modd credaf y bradychir yr elfen ddeinamig o grefydd pan fo rhai sefydliadau a phersonau yn cael eu hystyried yn grefyddol ynddynt eu hunain. Mae ystyried mai un o ofynion proffesiynol clerigwr yw dyn a chanddo ffydd yn ymylu ar gabledd.

O'r argyhoeddiad hwn y deilliai fy ymateb i'r ymdrechion at ddiwygio seremonïau'r eglwys Almaenig. Ymunais â mudiad o'r enw *Berneuchen* a arweiniwyd gan Wilhelm Stählin a Karl Ritter. Ceisiodd y grŵp hwn ddiwygiadau mwy trwyadl na'r gweddill o'r grwpiau diwygiadol ac nid oeddent yn cyfyngu eu hunain i faterion o seremoni. Ceisiodd y dynion hyn yn gyntaf oll sail ddiwinyddol glir ar gyfer diwygio. Felly cefais gyfle i gydweithredu'n ddiwinyddol adeiladol. Nid yw gweithredoedd seremoni a'i ffurfiau a'i hagweddau yn mynd yn groes i "angerdd am y seciwlar" os ydynt yn cael eu deall fel yr hyn ydynt – ffurfiau symbolaidd sy'n cynrychioli mewn modd unigryw y sylwedd crefyddol sy'n sylfaen i'n holl fodolaeth. Nid ystyr y weithred seremonïol neu sacramentaidd yw bod y weithred ynddi'i hun yn sanctaidd ond ei bod yn symbol o'r Diamod – a'r Diamod yn unig sy'n sanctaidd ac sydd, ac eto nad yw, ym mhob peth ar yr un pryd.

Mewn darlith â'r teitl 'Natur und Sakrament' (Natur a Sagrafen)[29] a draddodais mewn cynhadledd o'r grŵp *Berneuchen* ceisiais egluro'r gwahaniaeth rhwng agwedd feddyliol ansacramentaidd Protestaniaeth a dyneiddiaeth, ac ystyr wreiddiol y meddylfryd sacramentaidd a gollwyd yn y Canol Oesoedd hwyr. Oddi mewn i fframwaith

---

[29] 'Natur und Sakrament' yn *Religiöse Verwirklichung*, Berlin, Furche 1929

Protestaniaeth, gorchwyl anodd ond angenrheidiol yw hon. Heb gynrychiolaeth sacramentaidd o'r sanctaidd nid yw eglwys yn bosib. Dyma'r argyhoeddiad a'm clymodd i'r grŵp *Berneuchen*. Ond ni allwn eu dilyn pan symudasant oddi wrth ein diddordeb cyffredin yn y ffin rhwng y seciwlar a'r sanctaidd i ddiddordeb dethol mewn ffurfiau litwrgaidd (hen ffasiwn yn aml iawn). Yma unwaith eto rwy'n argyhoeddedig fod yn rhaid i mi aros ar y ffin.

RHWNG
LUTHERIAETH A SOSIALAETH

Peth cymharol rwydd yw symud o Galfiniaeth i sosialaeth, yn enwedig ffurfiau mwy seciwlar Calfiniaeth ddiweddar. Mae'r ffordd o Lutheriaeth i sosialaeth yn fwy anodd. Lutheriad wyf i o ran genedigaeth, addysg, profiad crefyddol a myfyrdod diwinyddol. Nid wyf byth wedi sefyll ar y ffin rhwng Lutheriaeth a Chalfiniaeth, dim hyd yn oed wedi i mi brofi canlyniadau trychinebus moeseg gymdeithasol Lutheriaeth a sylweddoli gwerth amhrisiadwy'r syniad Calfinaidd o Deyrnas Dduw wrth ddatrys problemau cymdeithasol. Lutheriaeth yw sylwedd fy nghrefydd ac mae'n parhau felly. Mae'n cynnwys ymwybyddiaeth o "lygredd" bodolaeth, ymwrthod â phob math o Iwtopia cymdeithasol (gan gynnwys metaffiseg blaengaredd), ymwybyddiaeth o natur afresymol a chythreulig bodolaeth, gwerthfawrogiad o'r elfen gyfrin mewn cred ac ymwrthod â Phiwritaniaeth gyfreithiol mewn bywyd personol a chorfforol. Mae fy meddylfryd athronyddol hefyd yn mynegi'r safon unigryw hwn. Hyd yma dim ond Jacob Boehme, llefarydd athronyddol cyfriniaeth Almaenig, a geisiodd fynegiant penodol athronyddol o Lutheriaeth. Drwy Boehme cafodd cyfriniaeth Lutheraidd ddylanwad ar Schelling a delfrydiaeth Almaenig, a thrwy Schelling yn ei thro cafodd ddylanwad ar athroniaethau afresymoliaeth a bywydaeth a ddaeth yn amlwg yn y bedwaredd ganrif ar bymtheg a'r ugeinfed ganrif. I'r graddau fod cynifer o syniadau gwrth-sosialaidd wedi eu seilio ar afresymoliaeth a bywydaeth mae Lutheriaeth wedi gweithio yn anuniongyrchol drwy athroniaeth, ac yn uniongyrchol hefyd, i rwystro sosialaeth.

Dengys cwrs diwinyddiaeth Almaenig wedi'r rhyfel yn glir ei bod bron yn amhosib i bobl a fagwyd fel Lutheriaid symud o grefydd i sosialaeth. Roedd yna ddau fudiad diwinyddol yn gwrthwynebu sosialaeth grefyddol – a'r ddau ohonynt yn Lutheraidd. Y cyntaf oedd y cenedlaetholdeb crefyddol a alwodd ei hun yn ddiwinyddiaeth "Lutheraidd ieuanc": ei hyrwyddwr pennaf oedd Emannuel Hirsch, cyd-efrydydd i mi ar un adeg a chyfaill a ddaeth yn wrthwynebwr diwinyddol a gwleidyddol. Yr ail oedd diwinyddiaeth Barthaidd sy'n cael ei galw'n anghywir yn 'ddiwinyddiaeth ddilechdidol'. Er bod i ddiwinyddiaeth Barth lawer o elfennau Calfinaidd, Lutheraidd heb amheuaeth yw ei syniad trosgynnol cryf o Deyrnas Dduw. Mae difaterwch diwinyddiaeth Barth ynglŷn â chwestiynau cymdeithasol a chysegriad Hirsch o genedlaetholdeb mor gyson â thraddodiadau crefyddol, cymdeithasol a gwleidyddol yn yr Almaen nes ei fod yn ofer i sosialaeth grefyddol ceisio'u gwrthwynebu. Ond os nad oedd gan sosialaeth grefyddol unrhyw ddyfodol ar dir Almaenig nid oedd hyn yn golygu ei bod yn ddiwinyddol anghywir nac yn ddiangen yn wleidyddol. Yn y dyfodol pell neu agos fe welir methiant i gyfuno crefydd a sosialaeth fel elfen drasig o hanes Almaenig.

Mae sefyll ar y ffin rhwng Lutheriaeth a sosialaeth grefyddol yn gofyn, yn y lle cyntaf, gwrthdaro beirniadol â phroblem Iwtopiaeth. Gwrthod Iwtopiaeth y mae'r athrawiaeth Lutheraidd o ddyn, hyd yn oed yn ei ffurf naturiaethol o fywydaeth. Mae pechod, trachwant, a'r ysfa am rym, y cymhelliad diarwybod neu ba air bynnag arall a ddefnyddir i ddisgrifio'r cyflwr dynol yn gymaint rhan o fodolaeth a natur dyn (nid, wrth gwrs, ei sylwedd neu gyflwr creadigol) nes bod sefydlu Teyrnas cyfiawnder a heddwch oddi fewn i fyd realiti dieithr yn amhosib. Ni all Teyrnas Dduw fyth gael ei chyflawni oddi mewn i amser a gofod. Siom metaffisegol yw tynged pob Iwtopiaeth. Pa mor gyfnewidiol bynnag yw'r natur ddynol nid yw'n hawdd ei harwain i welliant moesol sylfaenol. Fe all gwelliannau mewn addysg ac amgylchedd godi safon moesegol cyffredinol pobl a gloywi eu cyflwr anghoeth gwreiddiol, ond nid yw gwelliannau o'r fath yn effeithio ar y rhyddid i wneud da a drwg cyhyd ag y bydd dyn yn ddyn. Nid yw'r ddynoliaeth yn dod yn well; mae da a drwg ond yn cael eu codi i lefel uwch.

Drwy'r ystyriaethau hyn – yn hollol ddibynnol ar y ddealltwriaeth Lutheraidd o fodolaeth ddynol – rwyf wedi cyffwrdd â phroblem sydd wedi dod yn fwyfwy pwysig i feddylfryd sosialaeth ac sydd o bwys arbennig i sosialaeth grefyddol – y broblem o athrawiaeth y natur ddynol. Rwy'n argyhoeddedig fod anthropoleg ffug wedi dwyn llawer o allu sosialaeth grefyddol i ddarbwyllo, yn arbennig yn yr Almaen. Ni all gwleidydd sy'n gwrthod cydnabod y gwir am ddyn (yn ymadrodd Luther, 'yr hyn sydd mewn dyn') lwyddo. Ar y llaw arall nid wyf yn credu fod gan y syniad Lutheraidd y gair olaf am ddyn – yn enwedig yn ei ffurfiau naturiaethol, sef bywydaeth a ffasgaeth. Yma, fel mewn mannau eraill, mae'r neges broffwydol yn dangos y ffordd. Trawsffurfio natur ddynol ynghyd â natur yn gyfan gwbl yw'r neges broffwydol. Er bod y gred hon yn awgrymu gwyrth, mae'n fwy realistig na'r syniadau hynny sy'n gadael natur dyn fel y mae ac eto'n ceisio trawsnewid dyn. Cynrychiola'r rhain Iwtopiaeth, ac nid y paradocs o ddisgwyliad proffwydol.

Y broblem iwtopaidd oedd y ddadl ganolog yn y mudiad sosialaidd crefyddol ymhell cyn i oblygiadau anthropolegol Iwtopiaeth gael eu deall. Ychydig ar ôl Chwyldro Rwsia yn 1917 cyfarfuom i drin crefydd a sosialaeth. Yn y cyfarfodydd cyntaf hyn daeth yn eglur mai byrdwn ein dadl sylfaenol oedd perthynas crefydd â rhyw fath o Iwtopiaeth gymdeithasol. Dyma'r tro cyntaf i mi ddefnyddio syniad y Testament Newydd o'r Kairos, cyflawnder amser, syniad sydd ar y ffin rhwng crefydd a sosialaeth ac sydd wedi bod yn ddilysnod i sosialaeth grefyddol Almaenig. Mae'r syniad o gyflawnder amser yn mynegi na all yr ymdrech dros gyfundrefn gymdeithasol newydd arwain at y cyflawnder a fynegir gan y syniad o Deyrnas Dduw. Eto ar unrhyw amser penodol gelwir am orchwylion arbennig pan fo rhyw agwedd benodol o Deyrnas Dduw yn dod yn hawl a disgwyliad arnom. Bydd Teyrnas Dduw o hyd yn parhau yn drosgynnol, ond ymddengys fel dyfarniad ar ffurf arbennig o gymdeithas ac fel norm ar gyfer un sydd ar wawrio. Felly, fe all y penderfyniad i fod yn sosialydd crefyddol fod yn benderfyniad dros Deyrnas Dduw hyd yn oed os bydd y gymdeithas sosialaidd ymhell iawn oddi wrth Deyrnas

Dduw. Golygais a chyfranogais o ddwy gyfrol, *Kairos: Cyfrol 1, Zur Geisteslage und Geisteswendung*[30] a *Chyfrol 2, Protestantismus als Kritik und Gestaltung*[31], lle mae'r syniad o'r Kairos yn cael ei drin gan olrhain ei ragdybiaethau a'i oblygiadau diwinyddol ac athronyddol.

Syniad pwysig iawn sy'n perthyn i'r cysyniad o 'Kairos' yw'r syniad o'r cythreulig. Trafodais hyn yn fy nhraethawd 'On the Demonic'[32]. Ni fyddai wedi bod yn bosib datblygu'r syniad hwn heb sylfaen o gyfriniaeth Lutheraidd ac afresymoliaeth athronyddol. Grym mewn bywyd personol a chymdeithasol yw'r cythreulig sy'n greadigol ac yn ddinistriol ar yr un pryd. Yn y Testament Newydd dywedir bod y dynion sydd wedi'u meddiannu gan gythreuliaid yn gwybod mwy am yr Iesu na'r sawl sy'n normal, ond maent yn gwybod ei fod yn gondemniad arnynt eu hunain am eu bod wedi eu rhannu yn eu herbyn eu hunain. Galwodd yr Eglwys Fore'r Ymerodraeth Rufeinig yn gythreulig am ei bod wedi ei gwneud ei hun yn gyfartal â Duw, ac eto gweddïodd yr eglwys dros yr ymerawdwr gan roi diolch iddo am yr heddwch a sefydlodd. Yn yr un modd, mae sosialaeth grefyddol yn

---

[30] *Kairos: Zur Geisteslage und Geisteswendung*, Darmstadt, Otto Reichl, 1926
[31] *Protistantismus als Kritik und Gestaltung*, Darmstadt, Otto Reichl, 1929
[32] *The Interpretation of History*, Efrog Newydd, Scribners, 1936

ceisio dangos fod cyfalafiaeth a chenedlaetholdeb yn rymoedd cythreulig, i'r graddau y maent yn ddinistriol a chreadigol ar yr un pryd, ac yn hawlio duwioldeb i'w system o werthoedd. Mae'r diagnosis hwn wedi ei brofi'n gywir gan gwrs cenedlaetholdeb Ewropeaidd a chomiwnyddiaeth Rwsiaidd a'u hunangyfiawnhad lled grefyddol.

Nid yw'n rhyfedd fod fy syniadau cynnar ynghylch y berthynas rhwng crefydd a diwylliant, y sanctaidd a'r seciwlar, heteronomi ac awtonomi wedi cael eu hymgorffori yn fy ystyriaeth o sosialaeth grefyddol, a ddaeth yn ganolbwynt i fy meddylfryd cyfan. Yn fwy na dim, rhoddodd sosialaeth sylfaen ddamcaniaethol a symbyliad gweithredol i'm hymgais i ddatblygu athroniaeth hanesyddol theonomig. Drwy ddadansoddi natur amser "hanesyddol", yn hytrach nag amser biolegol neu faterol, ceisiais ddatblygu syniad o hanes lle mae symudiad tuag at y newydd, sy'n ofynnol ac yn ddisgwyliedig, yn gyfansoddol. Mae cynnwys y newydd, y mae hanes yn symud tuag ato, yn ymddangos mewn digwyddiadau lle mae ystyr a nod hanes yn cael eu datguddio. Gelwais y fath ddigwyddiad yn "ganolbwynt hanes"; o'r safbwynt Cristnogol, y canol yw ymddangosiad yr Iesu fel y Crist. Gellir rhoi gwahanol enwau i'r grymoedd sy'n brwydro â'i gilydd mewn hanes, yn unol â'r safbwynt y gwelir hwy ohono: cythreulig-*duwiol*-dynol, sagrafennol-*proffwydol*-seciwlar, heteronomig-*theonomig*-awtonomig. Mae pob un o'r termau canol yn cynrychioli synthesis o'r ddau arall, yr un y mae hanes o hyd yn ymestyn tuag ato – ar brydiau'n greadigol, ar brydiau'n ddinistriol, byth yn hollol gyflawn ond wastad yn cael ei yrru gan rym trosgynnol y cyflawniad disgwyliedig. Dylid deall sosialaeth grefyddol fel symudiad o'r fath tuag at theonomi newydd. Mae'n fwy na system economaidd newydd. Mae'n ddealltwriaeth gyflawn o fodolaeth, y ffurf o theonomi mae ein Kairos presennol yn ei hawlio a'i ddisgwyl.

RHWNG
DELFRYDIAETH A MARCSIAETH

Cefais fy magu yn awyrgylch delfrydiaeth Almaenig ac rwy'n amau na allaf fyth anghofio'r hyn a ddysgais oddi wrtho. Yn bennaf oll rwy'n ddyledus i feirniadaeth Kant ar wybodaeth, a ddangosodd i mi na all y cwestiwn o bosibilrwydd gwybodaeth empiraidd gael ei ateb drwy gyfeirio at deyrnas gwrthrychau yn unig. Man cychwyn – o anghenraid – pob dadansoddiad o brofiad a phob dehongliad cyfundrefnol o realiti yw'r man lle mae goddrych a gwrthrych yn cyfarfod. Dyma'r modd yr wyf yn deall yr egwyddor ddelfrydaidd o hunaniaeth. Nid enghraifft o ddamcaniaethu metaffisegol ydyw ond egwyddor ar gyfer dadansoddi natur sylfaenol pob gwybodaeth. Hyd yma nid oes yr un feirniadaeth o ddelfrydiaeth wedi fy argyhoeddi fod y modd yma o feddwl yn anghywir. Am fy mod wedi cymryd yr egwyddor hon fel fy man cychwyn rwyf wedi medru osgoi pob math o bositifiaeth fetaffisegol a naturiaethol. Felly o ran fy epistemoleg, delfrydydd ydwyf, os ystyr delfrydiaeth yw'r gosodiad mai egwyddor gwirionedd yw'r cadarnhad o hunaniaeth meddwl a bodolaeth. Hefyd, mi gredaf fod yr elfen o ryddid yn cael ei mynegi yn y cysyniad delfrydaidd o'r byd mewn ffordd sy'n ymateb orau i brofiad goddrychol a gwrthrychol. Mae'r ffaith fod dyn yn gofyn cwestiynau, yn cydnabod hawliadau absoliwt (y gorchymyn diamod) mewn meddwl a gweithred, ei ganfyddiad o ffurfiau ystyrlon mewn natur, celfyddyd a chymdeithas (megis mewn damcaniaethau *Gestalt* modern) – mae'r cyfan hyn wedi fy argyhoeddi fod yn rhaid i athrawiaeth dyn fod yn athroniaeth rhyddid. Ni allaf ychwaith wadu fod yna gyfatebiaeth rhwng realiti a'r ysbryd dynol sy'n cael ei fynegi orau o bosib gan y syniad o 'ystyr'. Arweiniodd hyn Hegel i siarad am undod yr ysbryd gwrthrychol a goddrychol mewn Ysbryd Absoliwt. Pan fo delfrydiaeth yn ymhelaethu ar y categorïau a rydd ystyr i wahanol deyrnasau bodolaeth, mae'n ceisio cyflawni unig gyfiawnhad athroniaeth.

Pwnc dadl hollol wahanol a'm harweiniodd i ffin delfrydiaeth. Mae'r delfrydwyr yn hawlio fod eu system o gategorïau yn adlewyrchu realiti fel cyfanfyd yn hytrach na bod yn fynegiant o gyfarfyddiad â realiti sy'n benodol ac yn ddirfodol gyfyngedig. Dim ond Schelling yn ei ail gyfnod oedd yn ymwybodol o gyfyngder y systemau delfrydaidd a hanfodaidd. Gwelodd fod realiti nid yn unig yn ymgorfforiad o hanfod pur ond hefyd ei wrthddywediad ac, uwchlaw popeth, fod bodolaeth ddynol ei hun yn fynegiant o wrthddywediad hanfod. Sylweddolodd Schelling fod meddwl hefyd ynghlwm wrth fodolaeth ac yn rhannu ei wrthddywediad o hanfod (er nad yw hynny'n awygrymu ei fod yn ddiffygiol o reidrwydd). Ni ddatblygodd Schelling y syniad ffrwythlon hwn. Fel Hegel, credai ei fod ef a'i athroniaeth yn sefyll ar ddiwedd proses hanesyddol, proses a alluogodd oresgyn y gwrthddywediadau o fewn bodolaeth gan roi lle i safbwynt absoliwt. Trechodd delfrydiaeth Schelling ei ymdrechion cyntaf at feddylfryd dirfodol – Kierkegaard oedd y cyntaf i dorri trwy system gaeëdig delfrydiaeth athroniaeth hanfod. Arweiniodd ei ddehongliad radical o bryder ac anobaith bywyd at athroniaeth y gellid ei galw'n wirioneddol ddirfodol. Ni ellir gorbwysleiso ei bwysigrwydd i ddiwinyddiaeth ac athroniaeth Almaenig wedi'r rhyfel. Cyn gynhared â'm blynyddoedd olaf fel myfyriwr (1905-6) roeddwn o dan ddylanwad ei ddilechdid ymosodol.

Yn ystod yr un adeg roedd y gwrthwynebiad i'r athroniaeth ddelfrydaidd o fodolaeth yn ffynnu o gyfeiriad arall. Daeth dilynwyr radical Hegel allan yn erbyn eu hathro a "throi delfrydiaeth ar ei phen" gan gyhoeddi materoliaeth ddamcaniaethol a gweithredol drwy ddefnyddio categorïau delfrydaidd. Aeth Karl Marx, a oedd yn aelod o'r grŵp hwn, hyd yn oed ymhellach. Gwrthododd nid yn unig y categorïau delfrydaidd ond hefyd eu gwrthdroad materolaidd (cf. *Theses against Feuerbach*) a dadleuodd o blaid safbwynt a oedd yn gwrthwynebu athroniaeth fel y cyfryw. Ymgais y safbwynt newydd hwn oedd "nid i egluro ond i newid y byd". Yn ôl Marx ceisia athroniaeth – yr oedd yntau yn ei gyplysu ag athroniaeth hanfod – guddio gwrthddywediadau bodolaeth er mwyn drysu'r hyn sy'n wironeddol bwysig i fodau dynol, sef y gwrthddywediadau cymdeithasol sy'n penderfynu eu bywydau yn y byd. Dengys y gwrthddywediadau hyn, ac yn fwy penodol y frwydr rhwng dosbarthiadau cymdeithasol, mai ideoleg yw delfrydiaeth, hynny yw system o gysyniadau at bwrpas cuddio amwysterau realiti. (Mewn modd tebyg, dangosodd Kierkegaard fod athroniaeth hanfod yn tueddu i guddio'r amwysterau tu fewn i fodolaeth unigol).

Rwy'n ddyledus i Marx yn gyntaf oll am ei fewnwelediad nid yn unig i natur ideolegol delfrydiaeth ond hefyd i bob system o feddwl, boed yn grefyddol neu'n seciwlar, sy'n cynorthwyo strwythurau grym ac felly'n atal, hyd yn oed os yw hynny'n anymwybodol, drefn fwy cyfiawn o realiti.

Rhybudd Luther yn erbyn y Duw a grëwn ein hunain yw'r cyfatebiad crefyddol o'r hyn yw ideoleg i athroniaeth.

O wrthod y system gaeëdig o hanfodaeth daw diffiniad newydd o wirionedd. Mae gwirionedd ynghlwm wrth sefyllfa'r person sy'n ei adnabod: wrth sefyllfa'r unigolyn i Kierkegaard ac i Marx wrth sefyllfa'r gymdeithas. Mae gwybodaeth o'r hanfod pur ond yn bosib i'r graddau y bo'r gwrthddywediadau o fewn bodolaeth wedi eu cydnabod a'u goresgyn. Mewn sefyllfa o anobaith (cyflwr pob bod dynol yn ôl Kierkegaard), ac yn sefyllfa'r frwydr ddosbarth (cyflwr hanesyddol y ddynoliaeth yn ôl Marx), mae pob system gaeëdig a chytûn yn anwir. Mae Kierkegaard a Marx, felly, yn ceisio cysylltu'r gwirionedd â sefyllfa seicolegol neu gymdeithasol benodol. I Kierkegaard goddrycholdeb yw gwirionedd, goddrycholdeb nad yw'n gwadu ei anobaith a'i waharddiad o fyd hanfod ond sy'n addef y gwirionedd yn angerddol yn y sefyllfa hon. I Marx, locws gwirionedd yw diddordeb dosbarthiadol y dosbarth a ddaw'n ymwybodol o'i dynged i oresgyn y frwydr ddosbarth, hynny yw, y dosbarth di-ideoleg. Er rhyfeddod – ac eto, mae'n ddealladwy o safbwynt Cristnogol – fe ddysgwn o'r ddwy enghraifft fod y posibilrwydd mwyaf o ganfod gwirionedd anideolegol i'w gael yng nghyd-destun y diystyr dwysaf, yr anobaith dyfnaf, yn nieithro pennaf dyn o'i natur ei hun. Mewn traethawd â'r teitl 'Das Protestantische Prinzip und die proletarische Situation' (Yr Egwyddor Brotestannaidd a'r Sefyllfa Broletaraidd) [33] cysylltais y syniad hwn â'r egwyddor Brotestannaidd a'i hathrawiaeth ynghylch y ffin ddynol. Wrth gwrs, dim ond os defnyddir y syniad o'r proletariat yn deipolegol y mae hyn yn bosib. Ar adegau mae'r proletariat sy'n bod yn cyfateb i'r teip proletaraidd i raddau llawer llai nag y mae'r grwpiau amhroletaraidd. Enghraifft o hyn yw'r deallusion sydd wedi torri drwy eu sefyllfa ddosbarthol i sefyllfa ar y ffin lle maent yn gallu dwyn y proletariat i hunanymwybyddiaeth. Ni ddylem uniaethu'r lliaws proletaryaidd â'r cysyniad teipolegol o'r proletariat y mae Marx yn ei ddefnyddio.

Yn gyffredinol mae'r gair Marcsiaeth yn golygu "materoliaeth economaidd". Ond, yn bwrpasol neu beidio, mae'r ymadrodd hwn yn anwybyddu'r amwyster sydd i'r term materoliaeth. Pe buasai materoliaeth yn golygu dim ond "materoliaeth fetaffisegol" ni fyddwn byth wedi fy nghael fy hun ar ffin Marcsiaeth; ac ni fyddai Marx ei hun, a frwydrodd yn erbyn delfrydiaeth a materoliaeth, wedi

---

[33] *Protestantisches Prinzip und proletarische Situation*, Bonn, F. Cohen, 1931

bod yn Farcsydd. Dylem gofio nad metaffiseg yw materoliaeth economaidd ond dull o ddadansoddi hanesyddol. Nid yw'n datgan mai'r "economaidd" – sydd ei hun yn ffactor cymhleth yn gysylltiedig â phob rhan o fodolaeth ddynol – yw'r unig egwyddor wrth ddehongli hanes. Gosodiad diystyr fyddai hynny. Yr hyn y mae materoliaeth economaidd yn ei wneud yn glir yw pwysigrwydd sylfaenol strwythurau a chymhellion economaidd i strwythurau cymdeithasol a meddyliol a'r newidiadau ynddynt yn ystod adeg hanesyddol benodol. Mae'n gwadu y gall hanes meddylfryd a chrefydd fodoli yn annibynol ar ffactorau economaidd. Yn hyn o beth y mae'n cadarnhau'r weledigaeth ddiwinyddol, a esgeuluswyd gan y delfrydwyr, fod dyn yn byw ar y ddaear ac nid yn y nefoedd (neu mewn termau athronyddol, fod dyn yn byw o fewn bodolaeth ac nid yng nghylch hanfod).

Gellir dehongli Marcsiaeth fel modd o ddinoethi haenau cuddiedig o realiti. Fel y cyfryw gellir ei chymharu â seicdreiddio. Mae dinoethi'n boenus ac, mewn rhai amgylchiadau, yn ddinistriol. Mae trasiedi hynafol Groeg, e.e. myth Oedipus, yn dangos hyn yn glir. Amddiffynna dyn ei hun yn erbyn y datguddiad o'i wir natur gyhyd ag sy'n bosibl. Fel Oedipus, mae'n cwympo pan wêl ei hun heb yr ideolegau sy'n melysu ei fywyd ac yn cynnal ei hunanymwybyddiaeth. Mae'r ymwrthod angerddol â Marcsiaeth ac â seicdreiddiad, yr wyf wedi ei weld yn aml, yn ymdrech gan unigolion a grwpiau i ffoi oddi wrth y dinoethi a all eu dinistrio o bosib. Ond heb y broses boenus hon ni ellir darganfod ystyr terfynol yr efengyl Gristnogol. Dylai'r diwinydd felly ddefnyddio'r ffyrdd hyn er mwyn datguddio gwir gyflwr dyn cyn amled ag y gallo yn hytrach na lledu delfrydiaeth sy'n llyfnhau amwysterau bodolaeth. Fe all wneud hyn o'i safle ar y ffin – fe all, fel yr wyf wedi ceisio'i wneud fy hun, feirniadu terminoleg rannol fethedig seicdreiddiad; fe all wrthod yr elfennau iwtopaidd ac awdurdodol mewn Marcsiaeth; ac fe all hepgor y gwahanol ddamcaniaethau o seicdreiddiad a Marcsiaeth sy'n amddifad o ddilysrwydd gwyddonol. Fe all y diwinydd – ac mae'n rhaid iddo – wrthsefyll materoliaeth fetaffisegol a moesegol, boed hyn yn ddehongliad dilys o Freud neu Marx ai peidio. Ond yr hyn na ddylai wneud yw amddifadu ei hun o lwyddiant y naill na'r llall i chwalu ideolegau a datguddio realiti'r fodolaeth ddynol.

Ond nid dinoethi yw unig effaith Marcsiaeth: mae hefyd yn cynnwys gofynion a disgwyliadau, ac, fel y cyfryw, mae'n parhau i gael dylanwad anferthol ar hanes. Mae ynddi angerdd proffwydol, lle mae gan ddelfrydiaeth wreiddiau cyfriniol a sagrafennol – cyn belled ag iddi gael ei ffurfio gan egwyddor hunaniaeth. Yn rhan ganolog fy llyfr *Die sozialistische Entscheidung* (The Socialist Decision)[34] ceisiais wahaniaethu rhwng yr elfennau proffwydol mewn Marcsiaeth a'i therminoleg resymegol-wyddonol, gan felly wneud ei goblygiadau crefyddol a hanesyddol pellgyrhaeddol yn fwy dealladwy. Ceisiais hefyd gael gafael ar ddealltwriaeth newydd o'r egwyddor sosialaidd drwy ei chymharu â gosodiadau proffwydoliaeth Iddewig-Gristnogol. Er y gall Marcswyr fy nghuddo o ddelfrydiaeth a delfrydwyr achwyn am fy materoliaeth, mewn gwirionedd rwy'n sefyll ar y ffin rhwng y ddau.

Mae Marcsiaeth wedi dod yn slogan i ddifrïo gwrthwynebwyr gwleidyddol. Trwy gyffesu fy mod yn sefyll ar ffin Marcsiaeth nid wyf yn ychwanegu dim newydd gwleidyddol i'r hyn a ddywedais am fy mherthynas â sosialaeth grefyddol. Nid yw'n fy ngosod mewn unrhyw blaid wleidyddol. Pe buaswn wedi dweud fy mod wedi sefyll ar y ffin rhwng dwy blaid wleidyddol, buasai'n rhaid dehongli "rhwng" yn y cyd-destun hwnnw mewn ffordd wahanol i weddill y tudalennau hyn.

---

[34] *Die sozialistische Entscheidung*, Potsdam, Alfred Protte, 1933

Buasai'n golygu nad oeddwn drwy reddf yn perthyn i unrhyw blaid – ac nid wyf wedi gwneud. I mi yr hyn sydd bwysicaf yn y cylch gwleidyddol yw'r hyn nad yw byth yn eglur mewn pleidiau gwleidyddol. Ceisiaf – ac mi geisiaf o hyd – frawdoliaeth nad yw'n gyfyngedig i unrhyw blaid, er ei bod efallai'n nes i un blaid nag un arall. Dylai'r grŵp hwn fod ar flaen y gad yn enw creu trefn gymdeithasol fwy cyfiawn wedi ei sefydlu yn yr ysbryd proffwydol ac sy'n cydsynio â gofynion y Kairos.

RHWNG
MAMWLAD A GWLAD ESTRON

Mae fy ysgrifennu yn yr hunanbortread hwn mewn tir estron yn dynged, fel pob tynged wirioneddol, sy'n cynrychioli rhyddid ar yr un pryd. Nid yn unig ffin allanol wedi ei diffinio gan natur neu hanes yw'r ffin rhwng mamwlad a thir estron. Mae hefyd yn ffin rhwng dau rym mewnol, dau bosibilrwydd o fodolaeth ddynol, a'i ffurf glasurol yn y gorchymyn i Abraham: 'Dos o'th gartref... i'r wlad a ddangosaf i ti'. Mae'n cael ei orchymyn i adael bro ei gynefin, ei gymdeithas, ei deulu a'i gredo, ei bobl a'i wladwriaeth, yn enw addewid nad yw'n ei ddeall. Duw tir estron yw'r Duw sy'n gofyn am ei ufudd-dod, Duw nad yw'n gysylltiedig â'r tir lleol, fel y mae'r Duwiau paganaidd, ond Duw hanes sy'n bwriadu bendithio holl deuluoedd y ddaear. Mae'r Duw hwn, Duw'r proffwyd a'r

Iesu, yn dymchwel yn llwyr bob cenedlaetholdeb crefyddol – cenedlaetholdeb yr Iddewon, yr hwn y mae'n ei wrthod yn gyson, a chenedlaetholdeb y paganiaid, sy'n cael ei wrthod yn y gorchymyn i Abraham. I Gristion o unrhyw fath mae ystyr y gorchymyn hwn yn ddiamheuol. Mae'n rhaid iddo adael ei wlad ei hun a chael mynediad i wlad a ddangosir iddo. Mae'n rhaid iddo ymddiried mewn addewid sy'n gwbl drosgynnol.

Amrywia ystyr llawn 'mamwlad' yn unol â sefyllfa'r unigolyn. Efallai mai gwlad ei enedigaeth a'i gymdeithas genedlaethol yw. Ambell waith fe ellid mynnu "ymfudiad corfforol". Ond yn amlach na pheidio mae'r alwad i adael ein mamwlad yn alwad i dorri cysylltiad â'r awdurdodau mewn grym a'r patrymau cymdeithasol a gwleidyddol cyffredinol, ac i'w gwrthsefyll mewn unrhyw ffordd. Mae'n orchymyn i "ymfudo'n ysbrydol" – agwedd y gymdeithas Gristnogol tuag at yr ymerodraeth Rufeinig. Fe all y llwybr i wlad estron olygu hefyd rywbeth hollol bersonol a mewnol: ymadael â ffurfiau credu a meddwl traddodiadol; gwthio y tu hwnt i ffiniau'r amlwg; cwestiynu radical sy'n agor tir newydd heb ei archwilio. Yng ngeiriau Nietzsche mae'n golygu symud i "dir ein plant" allan o "dir ein tadau a'n mamau". Ymfudo amserol ac nid un daearyddol yw hwn. Mae'r tir estron yn gorwedd yn y dyfodol – y wlad y "tu hwnt i'r presennol". Ac eto pan ydym yn sôn am y wlad estron hon mynegwn hefyd ein cydnabyddiaeth o'r ffaith fod yna hyd yn oed elfen o ddieithrwch yn yr hyn sydd agosaf atom ac sydd fwyaf cyfarwydd i ni. Dyma'r profiad metaffisegol o fod ar ein pennau ein hunain yn y byd, yr hyn y mae dirfodaeth yn ei gymryd fel ei mynegiant o feidroldeb dyn.

Ymhob ystyr o'r gair, rwyf wedi sefyll rhwng mamwlad ac estron dir. Nid wyf byth wedi dewis yr estron yn llwyr, ac rwyf wedi profi'r ddau fath o "ymfudo". Roeddwn wedi dechrau bod yn "allfudwr" mewn modd personol ac ysbrydol ymhell cyn i mi adael fy mamwlad.

Mae fy ymlyniad wrth wlad fy mebyd o ran tirlun, iaith, traddodiad a thynged hanesyddol wedi bod mor reddfol fel na allwn ddeall pam y buasai neb yn ei wneud yn fater o sylw arbennig. Mynegiant o ansicrwydd ynghylch rhwymau cenedlaethol yw'r gorbwyslais ar Genedlaetholdeb diwylliannol mewn addysg genedlaethol a gwaith meddyliol. Rwy'n argyhoeddedig fod y gorbwyslais hwn yn bresennol mewn unigolion sy'n dod o'r ffin – allanol neu fewnol – ac sy'n teimlo felly fod yn rhaid iddynt gyfiawnhau eu gwladgarwch iddynt eu hunain ac i eraill. Maent hefyd yn ofni dychwelyd i'r ffin.

O ran natur rwyf bob amser wedi teimlo mor drylwyr o Almaenig fel na allwn sôn lawer am y ffaith. Ni all amgylchiadau genedigaeth a thynged gael eu cwestiynu mewn gwirionedd. Yn hytrach dylem ofyn: Beth allwn wneud â'r hyn sydd wedi ei roi yn ein bywydau? Beth ddylai fod ein meini prawf i fesur cymdeithas a gwleidyddiaeth, hyfforddiant meddyliol a moesol, bywyd diwylliannol a chymdeithasol? Nid yw damweiniau genedigaeth yn rhoi ateb i gwestiynau o'r fath, oblegid mae'r cwestiynau yn eu rhagdybio. Os byddwn yn camgymryd y rhagdybiaethau i fod yn atebion cawn ein hunain yn y cylch dieflig sydd heddiw'n cael ei ganmol fel ymdeimlad cenedlaethol, er gwaetha'r ffaith ei fod yn tystio i ddiffyg ymddiriedaeth yng ngwerth ein sylwedd cenedlaethol ac yn arwain at y gwacter ofnadwy o fywyd cenedlaethol. Mynegais fy ngwrthwynebiad i dueddiadau cenedlaethol o'r fath yn fy narlithiau yn Frankfurt ar addysg gyhoeddus: 'Sozialpädagogik' (Addysg Gymdeithasol).

Heddiw yn hytrach, problem economaidd a gwleidyddol yw problem cenedlaetholdeb yn bennaf. Mae fy agwedd tuag ati wedi newid sawl gwaith. Mewn erthygl ar y wladwriaeth dotalitaraidd a hawliadau'r eglwys trafodais resymau totalitariaeth filwrol yn Ewrop a'i chysylltiad ag ymddatodiad cyfalafiaeth. Mae fy nhraethawd 'Das Problem der Macht' (Ar Athroniaeth Pŵer)[35] yn ymdrin ag ystyr a therfynau pŵer mewn perthynas â phroblem gyffredinol Bod, hynny yw ontoleg. Yn *Die sozialistische Entscheidung*[36] ceisiais osod allan wreiddiau anthropolegol a chanlyniadau gwleidyddol cenedlaetholdeb. Yr hyn oedd yn hanfodol i'm safbwynt oedd profiad y Rhyfel Byd Cyntaf. Datguddiodd natur gythreulig a dinistriol yr ysfa genedlaethol am bŵer, yn arbennig o ran y rhai a aeth i'r rhyfel yn frwdfrydig gan gredu'n llwyr yng nghyfiawnder eu hachos cenedlaethol. O ganlyniad, gallaf ond weld cenedlaetholdeb Ewropaidd fel offeryn yn hunan-ddinistr Ewrop, er fy mod – neu efallai o achos fy mod – yn sylweddoli fod cenedlaetholdeb yn anochel. Eto ni wnaeth y ddealltwriaeth hon fi'n heddychwr yn ystyr cyfyng y gair. Mae un math o heddychiaeth yn amheus i mi oherwydd cymeriad benywaidd ei gynrychiolwyr. Mae i'r math o heddychiaeth a gefnogir gan wledydd buddugol a hunanfodlon staen ideolegol a phariseaidd. I'r fath wledydd mae heddychiaeth yn rhy ddefnyddiol iddi fod yn onest. Yn fy marn i, mae heddychiaeth ddeddfol yn

---

[35] 'Das problem der Macht. Versuch einer philosophischen Grundlegung', *Neue Blätter für den Sozialismus*, Potsdam, II, Rhif 4, Ebrill 1931
[36] *Die Sozialistische Entscheidung*, Potsdam, Alfred Protte, 1933

arwain at ganlyniadau sy'n gyfan gwbl i'r gwrthwyneb i'r rhai a fwriadwyd. Yn y byd hwn mae heddwch gwleidyddol ynghyd â heddwch rhyngwladol yn ddibynnol ar y pŵer i atal y rheini sy'n tarfu ar heddwch. Nid ceisio cyfiawnhau yr awch cenedlaethol am bŵer yr ydwyf; ond gwelaf yr angen am rymoedd rhyng-gysylltiedig, gyda'r pŵer i atal hunan-ddinistr y ddynoliaeth y tu cefn iddynt. Heddiw mae'r "ddynoliaeth" yn fwy na syniad gwag. Bellach mae wedi dod yn realiti economaidd a gwleidyddol; oblegid mae tynged pob rhan o'r byd yn ddibynnol ar dynged pob rhan arall. Mae'r syniad o ddynoliaeth unedig yn fwyfwy amlwg ac y mae'n cynrychioli ac yn rhag-weld megis y gwirionedd sydd ymhlyg mewn cred yn Nheyrnas Dduw y mae pob hil a phob cenedl yn perthyn iddi. Mae gwrthod undod y ddynoliaeth fel nod felly'n golygu gwrthod yr athrawiaeth Gristnogol fod Teyrnas Dduw "gerllaw". Roeddwn yn hapus i ddarganfod ar ffin y cyfandir yr wyf nawr yn byw arno, diolch i letygarwch Americanaidd, ddelfryd sy'n fwy cyson â'r ddelwedd o un ddynoliaeth na'r un a fodola yn Ewrop gyda'i datgymalu trychinebus. Delwedd yw o un genedl lle gall cynrychiolwyr o bob gwlad a hil fyw fel dinasyddion. Eto mae'n wir yma hefyd fod y pellter rhwng delfryd a realiti yn dragwyddol ac mae'r ddelwedd yn llawn cysgodion yn aml. Eto mae'n fath o symbol o bosibilrwydd eithaf hanes, yr hyn a elwir yn "ddynoliaeth," ac sydd ei hun yn pwyntio tuag at yr hyn sy'n trosgynnu realaeth – Teyrnas Dduw. Yn y posibilrwydd eithaf hwn, mae'r ffin rhwng mamwlad a gwlad estron yn darfod.

ADOLWG:
FFIN A CHYFYNGIAD

Yn y tudalennau hyn fe drafodwyd nifer o bosibiliadau bodolaeth ddynol, ar lefel gorfforol ac ysbrydol fel ei gilydd. Ni soniwyd am rai pethau, er eu bod yn rhan o'm bywgraffiad. Mae llawer mwy o bethau eraill a hepgorwyd am nad oeddent yn rhan o hanes fy mywyd a'm syniadau. Er hynny, trafodais bob posibilrwydd gan ei gysylltu â rhyw bosibilrwydd arall – y modd y maent yn wrthwynebol i'w gilydd, y modd y gellid eu cymathu. Dyma ddilechdid bodolaeth; mae pob un o bosibiliadau bywyd yn gwthio o'i wirfodd ei hun tuag at ffin a thu hwnt i'r ffin lle cyfarfydda'r hyn sy'n ei gyfyngu. Mae'r dyn sy'n sefyll ar sawl ffin yn profi aflonyddwch, ansicrwydd a chyfyngder mewnol bodolaeth mewn sawl modd. Mae'n gwybod beth yw amhosibilrwydd tangnefedd, sicrwydd a pherffeithrwydd. Mae hyn yr un mor wir mewn bywyd ag yw'n feddyliol, ac efallai ei fod yn rheswm pam y mae'r profiadau a'r syniadau yr wyf wedi eu hadrodd yma mor dameidiog a phetrus. Mae fy ymgais i roi ffurf bendant ar y meddyliau hyn wedi ei rhwystro gan fy ffin-dynged, sydd wedi'm hesgymuno ar dir cyfandir newydd. Mae cyflawni'r fath orchwyl hyd eithaf fy ngallu yn obaith sy'n dod yn fwyfwy ansicr wrth i mi nesu at fy hanner cant. Ond pa un a gyflawnir hynny ai peidio, y mae yna ffin i weithgarwch dynol sy'n parhau, un nad yw bellach yn ffin rhwng dau bosibilrwydd ond yn hytrach yn derfyn a osodwyd ar bopeth meidrol gan yr hyn sy'n trosgynnu pob posibilrwydd dynol, y Tragwyddol. Yn ei bresenoldeb, mae hyd yn oed canol eithaf ein bod ond yn ffin a'n gorchest fwyaf yn dameidiog.

MYNEGAI

Anthropoleg 74, 75, 93
Aristoteles 24
Arluniaeth *xxiii*, 20, 64
Athroniaeth *viii, xiii, xv, xx,*
  xxii, xiii, 9, 14, 20-24, 29-32,
  41-53, 57, 64-68, 72, 80-83, 93
Awtonomi 31-40, 65, 77-8

Barth, K xxvii, 35, 43-45, 59,
  72-3
Boehme, J 72
Botticelli *xxiii,* 20
Broad, C.D. *xxviii*
Brunner, E 45, 60
Buber, M 60
Bultmann, R 44

Calfiniaeth 71, 73
Catholigiaeth Rufeinig 33, 34,
  49, 67
Crefyddau eraill *xxvi*

Delfrydiaeth *xv, xxii,* 41-43,47,
  49, 52, 72, 79-88
Deyrnas Dduw *xxi,* 71, 73, 75,
  94-5
Dostoesvsky, F 20, 35
Dychmymyg *xx,* 9, 17-23

Eciwmenaith *xxv*
Eglwys 'amlwg' 62-3
Eglwys guddiedig 57, 62-3
Egwyddor Brotestannaidd
  35, 36, 84
Ewrop *viii, xix-xx,* 9, 33, 67, 77,
  92-94

Fichte, J.G. 41, 42, 48

Ffenomenoleg *xv,* 48, 49

Genedlaetholdeb *xx,* 73, 77,
  90, 92-3
George, S 22
Goethe, J.W. 5, 19, 20
Gunkel, H 44
Gweriniaeth Weimar 39

Hegel, G 46, 49, 51, 80, 81
Heidegger, M *xvi,* 43, 51, 52
Heteronomi 31-40, 77-8
Hirsch, E 72, 73
Hoffmannsthal, H 22
Hume, D *xv*
Husserl, E *xvi,* 48, 51

Iddewiaeth 49, 87

Jung, K *xxvi*

Kähler, M 42, 43
Kairos 75, 76, 78, 88
Kant, I. *xv, xxviii*, 14, 41, 47, 48, 49, 51, 79
Kierkegaard, S *xvi*, 18, 20, 52, 81-83

Lessing, G.E. 57
Lütgert, W 42
Lutheriaeth *xiii, xxi*, 43, 71-78, 83
Mamwlad 89-95
Marcsiath 79-88
May, R *xxvi*
Medicus, F 42

Neitzsche, F 10, 15, 18, 48-9, 52, 90
New Harmony *xvii*
Niebuhr,R *xxi, xxii*

Oedipus 85

Paganiaeth 19, 34, 37, 49, 54-57, 59, 62-3, 89-90
Plaidd Socialiadd Ddemocrataidd *xiv*, 27-8
Platon 6
Protestaniaeth 32, 34-37, 67, 69, 70

Realaeth grediniol *xxiv*, 21, 48, 62
Realiti 17-23, 25, 29, 34-5, 37, 57, 73, 80-82, 85, 94
Rembrandt 64
Rilke, R.M. *xxiv*, 22
Ritter, K 69
Robinson, J *viii*, xx
Ryddfrydiaeth 13, 25, 29, 39, 43-45, 65
Ryfel Byd Cyntaf *xvii*, 20, 26, 39, 47, 56, 93

Schafft, H 60
Schelling, F.W. *xvi*, 9, 42, 46-49, 51, 72, 80-1
Schlegel, A 19
Schwegler, A 41
Schweitzer, A 44
Seicoleg *xxv, xxvi*, 48, 83
Shakespeare, W 19
Sosialaeth *xxi, xxii*, 12, 13, 27-8, 50, 50-9, 71-78, 87
Stählin, W 69

Theori 5, 14, 18, 21, 24-30, 41
Troeltsch, E 44, 49

Wellhausen, J 44

www.ingramcontent.com/pod-product-compliance
Lightning Source LLC
LaVergne TN
LVHW051525070426
835507LV00023B/3304